ENZYKLOPÄDIE DER RECHTS- UND STAATSWISSENSCHAFT

BEGRÜNDET VON

F. VON LISZT UND W. KASKEL

HERAUSGEGEBEN VON

E. KOHLRAUSCH · H. PETERS · A. SPIETHOFF

ABTEILUNG RECHTSWISSENSCHAFT

HERAUSGEGEBEN VON

DR. EDUARD KOHLRAUSCH
PROFESSOR AN DER UNIVERSITÄT
BERLIN

DR. HANS PETERS
PROFESSOR AN DER UNIVERSITÄT
BERLIN

VI

RECHTSENTWICKLUNG IN PREUSSEN

VON

DR. EBERHARD SCHMIDT
PROFESSOR AN DER UNIVERSITÄT
KIEL

ZWEITE, VÖLLIG DURCHGEARBEITETE UND
VERMEHRTE AUFLAGE

VERLAG VON JULIUS SPRINGER · BERLIN 1929

RECHTSENTWICKLUNG IN PREUSSEN

VON

DR. EBERHARD SCHMIDT
PROFESSOR AN DER UNIVERSITÄT
KIEL

ZWEITE, VÖLLIG DURCHGEARBEITETE UND
VERMEHRTE AUFLAGE

VERLAG VON JULIUS SPRINGER · BERLIN 1929

ISBN 978-3-642-98255-2 ISBN 978-3-642-99066-3 (eBook)
DOI 10.1007/978-3-642-99066-3

Softcover reprint of the hardcover 2nd edition 1929

SEINEN FREUNDEN AUS DER KIELER ZEIT,

DEN HERREN

WALTER JELLINEK, PROFESSOR DER RECHTE IN HEIDELBERG

JULIUS STENZEL PROFESSOR DER PHILOSOPHIE IN KIEL

UND

GEORG STERTZ PROFESSOR DER PSYCHIATRIE IN KIEL

IN HERZLICHER DANKBARKEIT

ZUGEEIGNET

Vorwort zur zweiten Auflage.

In den kritischen Besprechungen der ersten Auflage ist mehrfach getadelt worden, daß die Darstellung an allzu großer Kürze und Knappheit leide und aus diesem Grunde in Einzelheiten zu Mißverständnissen und Unklarheiten führe. Ich habe diese Gefahr schon bei der Ausarbeitung der ersten Auflage erkannt und darum seinerzeit dafür Sorge getragen, daß ich den ursprünglich nur auf einen einzigen Druckbogen berechneten Umfang des Buches um mehr als das Doppelte überschreiten durfte. Jedoch habe ich meinen Kritikern darin recht geben müssen, daß eine weitere Ausdehnung des Umfanges das Buch nicht nur lesbarer, sondern gerade auch für die Zwecke des akademischen Unterrichts brauchbarer machen würde. Allerdings war hier Vorsicht geboten. Wenn die erste Auflage im Laufe von 6 Jahren vergriffen worden ist, so kann das nur daran liegen, daß die Schrift in den Kreisen der Studierenden Anklang gefunden hat und gelesen worden ist. Der wesentliche Zweck des Buches war damit erreicht. Für den Studierenden ist das Buch einzig und allein geschrieben; nicht, um ihm, wie es in Posners Besprechung (Forschungen z. brand.-preuß. Gesch. Bd. 37, S. 341) heißt, „das Examenswissen übersichtlich und ansprechend zu vermitteln", sondern um ihn für geschichtliches Denken überhaupt etwas zu gewinnen und ihn die Wichtigkeit der Erkenntnis historischer Tatsachen und Zusammenhänge spüren zu lassen. An Examensfragen habe ich bei der Abfassung meiner Schrift nie gedacht, ganz abgesehen davon, daß jedenfalls im Referendarexamen Fragen aus der preußischen Rechtsgeschichte zu den allergrößten Raritäten gehören dürften. Soll das Buch nun aber dem Studierenden nicht entfremdet werden, so darf sein Umfang nicht übermäßig anwachsen. Es ist besser, daß der Studierende eine kürzere, wissenschaftlich durchdachte und durchgearbeitete Darstellung der preußischen Rechtsgeschichte wirklich einmal vollständig durchliest, als daß er ein umfangreiches Werk von einigen hundert Seiten gar nicht erst aufschlägt. Ich bitte hierin nicht eine Konzession an die Abneigung der meisten Studierenden gegen rechtsgeschichtliche Lektüre und rechtsgeschichtliches Wissen sehen zu wollen. Ich will nichts anderes, als, dieser Abneigung als einer von mir selbst sehr bedauerten Tatsache Rechnung tragend, den Versuch machen, bei dem Studierenden, wenn möglich, ein wenig Interesse für die Rechtsgeschichte Preußens überhaupt zu erwecken und dadurch den einen oder anderen für ein tieferes Eindringen in dieses eminent wichtige und so ungemein anziehende Gebiet zu gewinnen. So habe ich das Buch, um die wesentlichen Züge der preußischen Rechtsentwicklung noch deutlicher und plastischer hervortreten zu lassen, zwar nicht unerheblich erweitert, aber ein Verlieren in Einzelheiten habe ich nach wie vor zu vermeiden und damit den Umfang in angemessenen Grenzen zu halten gesucht. Ob es mir gelungen ist, die richtige Mitte zu wahren, wage ich nicht zu entscheiden. Zum Teil ist die Vermehrung des Umfanges übrigens darauf zurückzuführen, daß der häßliche Kleindruck im Text durchweg vermieden worden ist. Nur wenige Abschnitte des Buches sind unverändert geblieben; alle sind gründlichst durchgearbeitet und, wie ich hoffe, dem Stand der heutigen Forschung angepaßt. Von den drei neuen Paragraphen kommen zwei der mittelalterlichen brandenburgischen Rechtsgeschichte zugute, während der dritte, am Schluß des Buches, nunmehr eine kurze Entwicklung des heute so schicksalsschweren preußisch-deutschen Problems bringt. —

Indem ich mit dieser Schrift von einer mir lieb gewordenen Arbeitsstätte Abschied nehme, lege ich sie zugleich in die Hände derer, mit denen mich gemeinsame Arbeit in Freundschaft verbunden hat.

Kiel, im April 1929.

Eberhard Schmidt.

Inhaltsverzeichnis.

Fünftes Kapitel.

Der Wiederaufbau des Staates und die Rechtsentwicklung bis zur Lösung der Verfassungsfrage.

A. Die Stein-Hardenbergsche Reform.

B. Die Zeit von den Freiheitskriegen bis zum Erlaß der Verfassung.

Sechstes Kapitel.

Preußen als konstitutionelle Monarchie (1850—1918).

A. Bis zur Gründung des Norddeutschen Bundes.

B. Preußen als Gliedstaat im Norddeutschen Bunde und Deutschen Reich.

Siebentes Kapitel.

Preußen als demokratische Republik.

Faktor in der Germanisierung des Landes gewesen. Auf Gütern von 4 bis 6 n wurden die Ritter in den Dörfern angesiedelt. Ihre Äcker lagen mit denen 3auern im „Gemenge" und wurden wie diese nach dem System der den „Flur- g" voraussetzenden Dreifelderwirtschaft bestellt. Völlig geklärt ist das ur- ngliche Verhältnis von Bauern und Rittern noch nicht. Nach Karls IV. Land- von 1375, dem freilich eine fast zweihundertjährige Entwicklung vorausgeht, sich das gutsherrlich-bäuerliche Verhältnis bereits als „Grundherrschaft" dar: Ritter treibt einerseits als „Gutsherr" Eigenwirtschaft mit Hilfe der Dienste ier (slawischer) Kossäten oder schon abhängig gewordener Bauern, bezieht überdies als „Grundherr" den Grundzins von zahlreichen Hüfnerstellen. Mediatisierung und Patrimonialisierung des Bauernstandes war somit um diese schon stark in Entwicklung begriffen. Die an sich günstige Rechtsstellung zu freiem Erbzinsrecht angesiedelten Bauern aber drohte nunmehr im Wege „Kontaktmetamorphose" derjenigen der slawischen „Laten" („Lassiten") an- nelt zu werden.

Ein Wort schließlich noch über die klösterlichen Niederlassungen der Zister- er, die HINTZE mit Recht als „Marksteine auf dem Wege der Kolonisation" be- net. Die Ordensregel der Zisterzienser erforderte bis zum Beginn des 13. Jahr- erts eigene kolonisatorische Arbeit der Mönche und Laienbrüder; erst später e ein grundherrlicher Rentengenuß gestattet. So sind denn die Klöster in und Chorin, genau wie Zinna, das zur Ostmark, Dobrilugk und Neuzelle, die Lausitzer Mark gehörten, Pioniere deutscher Kulturarbeit geworden. Bereits im ahrhundert entwickelten sie sich zu bedeutenden geistlichen Grundherrschaften.

§ 3. Verfassung, Verwaltung, Gerichtsbarkeit. Verfassung und Verwaltung Landes fußten auf den durch die Kolonisierung gegebenen Verhältnissen. Als er einer militärischen Expedition war der Markgraf der Nordmark mit weit- nder Selbständigkeit vom Kaiser ausgestattet. Er stand im Lehensverhältnis Kaiser. Seine Gewalt war Amtsgewalt; aber die weite Entfernung von der hsleitung, verbunden mit der durch die Natur der Sache notwendig gegebenen ständigkeit, begünstigte gerade in der Mark schon früh die Ausbildung der mark- ichen Gewalt zu eigentlicher Landeshoheit. Ohne feste Residenz hielt der Mark- bald hier, bald dort Hof. Seine engere Umgebung bildeten vertraute Ministe- n aus jenem neuen märkischen Berufsadel. Sie waren seine Ratgeber in allen elegenheiten der Zentrallandesverwaltung. Den „weiteren Hof" bildeten die odisch stattfindenden größeren Vasallenversammlungen. Wichtig war, daß inzelnen Verwaltungsämter am Hof (Marschall-, Kämmerer-, in späterer Zeit Kanzlerposten) nicht als Lehen, sondern im strengen Sinn als Ämter vergeben len, also jederzeit widerrufen werden konnten. Ebenso waren die Vögte, die er ihnen überwiesenen Vogtei (etwa 30 an der Zahl) die Rechtsprechung und nte Verwaltung als Stellvertreter des Markgrafen ausübten, vom Markgrafen dem Amts- (nicht Lehns-) Prinzip eingesetzt. Die Räte des engeren Hofes, die sich keineswegs in einer strafferen, kollegialischen Organisation denken darf, rgten die Hof- wie auch die Landesverwaltung, ohne daß von einer ressortmä- n Trennung dieser Angelegenheiten die Rede gewesen wäre.

Das wichtigste Hoheitsrecht des Mittelalters war die Gerichtshoheit. Der senspiegel (III 65, 1) läßt in dieser Beziehung für die Marken eigenartige Ver- nisse vermuten: „Der markgrêve dinget bî sines selben hulden uber sechs wochen; findet ieclich man urteil uber den andern, den man an sîme rechte nicht be- den mag." Der Satz[1] zeigt, daß im Markgrafending nicht „Schöffenbarfreie",

[1] Auf den uralten Streit um den Sinn dieses Satzes kann hier in extenso nicht eingegangen en. Schon die Glosse zum Ssp. konnte über eine Mehrzahl verschiedener Auffassungen be- en. Aus der neueren Literatur seien nur genannt: HINTZE, Hohenzollern, S. 56/57; SCHRÖDER, sche Rechtsgeschichte (5. Aufl., 1907), S. 584, 585; BRUNNER-HEYMANN, Grundzüge der chen Rechtsgeschichte (7. Aufl.,) S. 141; MEISTER, Deutsche Verfassungsgeschichte von

Auszug aus der Literatur.

I. **Gesamtdarstellungen:** BORNHAK Preußische Staats- und Rechtsgeschichte, 1903. — GIESE, Preußische Rechtsgeschichte, 1920 (kürzer, grundrißartig mit Bevorzugung der Verfassungsgeschichte). — SCHMOLLER, Preußische Verfassungs-, Verwaltungs- und Finanzgeschichte, 1921. — STÖLZEL, Brandenburg-Preußens Rechtsverwaltung und Rechtsverfassung, dargestellt im Wirken seiner Landesfürsten und obersten Justizbeamten, 2 Bände, 1888. — STÖLZEL, Fünfzehn Vorträge aus der Brandenburgisch-Preußischen Rechts- und Staatsgeschichte, 1889 (fesselnd geschrieben). — Von der Behandlung der geschichtl. Entwicklung einzelner Institutionen aus gelangen zu umfassenderen Darstellungen: HOLTZE, Geschichte des Kammergerichts in Brandenb.-Preußen, 4 Bände, 1890—1904 (in kürzerer Zusammenfassung: 500 Jahre Geschichte des Kammergerichts, Schriften des Vereins f. d. Gesch. Berlins, Heft 47, 1913). — ISAACSOHN, Geschichte des preußischen Beamtentums vom Anfang des 15. Jahrhunderts bis auf die Gegenwart, 3 Bände, 1874—1884 (nur bis zur Zeit Friedrichs d. Gr. durchgeführt). — LOENING, Gerichte und Verwaltungsbehörden in Brandenburg-Preußen, 1914. — Von den allgemeinen Geschichtswerken seien hier nur genannt: HINTZE, Die Hohenzollern und ihr Werk, 9. Aufl., 1916 (mit eingehender Berücksichtigung auch der Rechts- und Verfassungsentwicklung). — HOLTZE, Geschichte der Mark Brandenburg, 1912. — KOSER, Geschichte der brand.-preuß. Politik, Bd. 1, 1913. — Brauchbar auch noch immer BERNER, Geschichte des Preußischen Staates, 2. Aufl., 1896. — Wertvoll vor allem auch HARTUNG, Deutsche Verfassungsgeschichte vom 15. Jahrhundert bis zur Gegenwart, 3. Aufl., 1928 (mit reichen Literaturangaben).

II. **Quellensammlungen:** Acta Borussica, Die Behördenorganisation und die allgemeine Staatsverwaltung Preußens im 18. Jahrhundert. Bd. I—X, 1896—1910. — Urkunden und Aktenstücke zur Geschichte der inneren Politik des Kurfürsten Friedrich Wilhelm von Brandenburg, seit 1895 (bisher Beiträge über die brandenb. Finanzen von BREYSIG u. WOLTERS und über die cleve-märkischen Stände von HÖTZSCH). — ALTMANN, Ausgewählte Urkunden z. Brandenb.-preuß. Verfassungs- u. Verwaltungsgeschichte, 2 Bde. (1897, 1914). — GERCKEN, Codex diplomaticus Brandenburgensis, 8 Bde., Salzwedel 1769—1785. — GRUBE, Corpus Constitutionum Prutenicarum. — KORN, Schlesische Ediktensammlung. — MYLIUS, Corpus Constitutionum Marchicarum. — MYLIUS, Novum Corpus Constitutionum Prussico-Brandenburgensium praecipue Marchicarum. — MYLIUS, Corpus Constitutionum Magdeburgicarum Novissimarum. — QUICKMANN, Pommersche Ediktensammlung, 1750. — RABE, Sammlung preußischer Gesetze und Verordnungen. — Publikationen aus den Kgl. Preußischen Staatsarchiven, seit 1878. — RAUMER, Codex diplomat. Brandenb. continuatus, Bd. I, 1831, II, 1833. — RIEDEL, Codex diplomaticus Brandenburgensis, 1843—1869. — SCOTTI, Sammlung der Gesetze und Verordnungen in Cleve-Mark, 5 Bde., 1826.

Von großem Interesse für Einzelforschungen: v. CAEMMERER, Die Testamente der Kurfürsten von Brandenburg, 1915. — FRIEDENSBURG, Kurmärkische Ständeakten aus der Regierungszeit Kurfürst Joachims II., 2 Bde., 1914, 1916. — KÜNTZEL und HASS, Die politischen Testamente der Hohenzollern, 2. Aufl., 2 Bde., 1919, 1920. — MEINARDUS, Protokolle und Relationen des Brandenburgischen Geheimen Rathes aus der Zeit des Kurfürsten Friedrich Wilhelm, 1889ff. — STÖLZEL, Urkundliches Material aus den Brandenburger Schöppenstuhlsakten, 4 Bde., 1901.

III. **Zeitschriften und Abhandlungsreihen:** Märkische Forschungen, 1841ff. (20 Bde.). Fortgesetzt (als „neue Folge") durch die Forschungen zur Brandenburgischen und Preußischen Geschichte, hrsg. von M. KLINKENBORG und JOH. SCHULTZE. — Zeitschrift für Preußische Geschichte und Landeskunde, 1864—1883. — Schriften des Vereins für die Geschichte Berlins, 1865ff. — Veröffentlichungen des Vereins für Geschichte der Mark Brandenburg.

Erstes Kapitel.

Die Entwicklung vom Territorium zum Territorialstaat

A. Die Mark als mittelalterliches Territorium.

Literatur: 1. Zur Kolonisationsgeschichte: SKALWEIT, Vererbung des ländlichen Besitzes in Brandenburg (Heft 9 von „Die Vererbung des ländlichen Grundbesitzes im Kgr Preußen“, hrsg. von M. SERING). — O. E. SCHULTZE, Die Kolonisierung und die Germanisierung der Gebiete zwischen Saale und Elbe, 1896. — SEBICHT, Unsere mittelalterliche Ostmarkenpolitik 1910. — CURSCHMANN, Die Diözese Brandenburg (Veröff. d. Vereins f. Gesch. d. M. Br.), 1906. — DORNO, Der Fläming und die Herrschaft Wiesenburg (Heft 178 der „Staats- und sozialwissenschaftlichen Forschungen“ von SCHMOLLER und SERING). — BRUNS-WÜSTEFELD, Die Uckermark in slawischer Zeit, ihre Kolonisation und Germanisierung, 1919. — GLEY, Die Besiedlung der Mittelmark von der slawischen Einwanderung bis 1624, 1926. — 2. Zur Verfassungs-, Verwaltungs- und Rechtsgeschichte: RIEDEL, Die Mark Brand. im Jahre 1250, 2 Bde., 1831/32 — KÜHNS, Geschichte der Gerichtsverfassung und des Prozesses in der Mark Brand. vom X. bis zum Ablauf des XV. Jahrhunderts, 2 Bde., 1865/67. — v. SOMMERFELD, Beiträge zur Verfassungs- und Ständegeschichte der Mark Brand. im Mittelalter, Teil 1, 1904. — SPANGENBERG, Hof- und Zentralverwaltung der Mark Brand. im Mittelalter, 1908. — FIDICIN, Kaiser Karls IV. Landbuch der Mark Brand., 1856. — Das Berlinische Stadtbuch aus dem Ende des XIV. Jahrhunderts hrsg. von Clauswitz., 1883. — SEEBOTH, Das Privatrecht des Berliner Stadtbuchs vom Ende des 14. Jahrhunderts, 1928. — SELLO, Brandenburgische Stadtrechtsquellen (Märk. Forsch. XVIII) 1884. — PERELS, Die allgemeinen Appellationsprivilegien für Brandenburg-Preußen, 1908.

§ 1. Die Kolonisierung und Germanisierung. Der Boden, auf dem der brandenburgisch-preußische Staat erwachsen ist, ist ursprünglich germanisch besiedelt gewesen, in der Zeit der Völkerwanderung jedoch von slawischen Volksstämmen in Besitz genommen worden. Er mußte also, sollte ein deutsches Staatswesen auf ihm entstehen, dem Deutschtum erst wieder zurückgewonnen werden. Schon unter Karl dem Großen setzten Abwehrkämpfe gegen ein weiteres Vordringen der Slawen ein, ja, die Annales Einhardi wissen sogar von einem siegreichen Übergang Karls über die Elbe (789) zu berichten. Die wechselvollen Kämpfe, in denen das Deutschtum die Gebiete östlich der Elbe zurückzuerobern unternahm, begannen jedoch erst unter den sächsischen Kaisern. Die Feste Brennaburg im Lande der Heveller nahmen die Truppen Heinrichs I. im strengen Winter 927/28, wie das zeitgenössische Geschichtswerk des Mönches Widukind von Corvey meldet, fame, ferro, frigore („Res gestae saxonicae“; Monum. Germ. Script. III). Nach Heinrichs I. Tode war es Gero, der Markgraf der sogenannten „Nordmark“, der seit 939 zielbewußt an die Unterwerfung der Slawen heranging. Die Begründung der Bistümer Havelberg (946) und Brandenburg (949) und ihre Unterstellung unter das im Jahre 968 eingerichtete Erzbistum Magdeburg sind deutliche Zeichen der erzielten Erfolge. Aber der große Slawenaufstand von 983 hat noch einmal alles vernichtet, was an Germanisierung und Christianisierung erreicht war. Auf anderthalb Jahrhunderte waren die ostelbischen Gebiete erneut dem Deutschtum verloren.

Im 12. Jahrhundert drang zunächst die Missionstätigkeit der Prämonstratenser in die slawischen Gebiete vor. Südöstlich von Magdeburg entstand die Abtei Leitzkau (1130); Fürst Pribislaw von Brandenburg nahm das Christentum an; seit 1138 finden wir wieder ein Domkapitel in Brandenburg. Die militärische Sicherung der Gebiete erfolgte unter dem tatkräftigen Askanier Albrecht dem Bären, der 1134 mit

der Nordmark belehnt wurde, 1136 zum Schutze des Bistums Havelberg östli
Elbe eingriff und den von Bernhard von Clairvaux gepredigten Slawenkreuzzu
1147 zu sehr handfesten militärischen Eroberungen ausnutzte. Das Hav
um Brandenburg wurde friedlich gewonnen, indem der kinderlose Pribisla
Markgrafen zum Erben dieses Gebietes einsetzte. 1150 trat der Erbfall ein; doch
Albrecht, der erste „Markgraf von Brandenburg“, um seinen neuen Besit
einmal gegen Jaczo von Köpenick mit dem Schwerte kämpfen, bis dann im Jah
die endgültige Wiedereroberung Brandenburgs endlich gelang. Diesem F
folgte nun ein ungeheurer Aufschwung in der Kolonisierung, Germanisieru
Christianisierung des Landes.

Albrecht der Bär hatte sich von vornherein mit der militärischen Gev
des Landes allein nicht begnügt. Er zog Kolonisten aus dem deutschen Mut
herbei, meist Ostfalen, seltener wohl Westfalen oder gar Flamen, die un
Drucke der politischen und wirtschaftlichen Verhältnisse der Heimat ös
Elbe neue Nahrungsquellen suchten. Im 13. Jahrhundert erreichte diese K
rungsbewegung ihren Höhepunkt. Pflug und Kreuz befestigten, was das
errungen hatte. Von Kreuzzugsideen so gut wie gar nicht berührt, dachten
nisatoren nicht an eine Ausrottung der wendischen Bevölkerung. Deut
Slawen, sich nach Rasse, Kultur und Recht zunächst scharf unterscheid
mischten sich, ein neues, zähes, arbeitsames Kolonistengeschlecht bildend.
Kultur dieses kolonialen Staatswesens wurde deutsch, und mit der deutsch
konnte auch das deutsche Recht seinen Einzug halten.

§ 2. Die Bevölkerung. „Nur günstige Bedingungen konnten die Ansied
die Gefahren des langen Weges, die Schrecknisse des fremden Landes u
schwerden mühevoller, in ihrem Erfolge immerhin unsicherer Kultiva
auf sich zu nehmen.“ (SKALWEIT S. 37.) In der Tat erfolgte denn auch die
der deutschen Kolonisten in Städten und Dörfern zu durchaus günstig
Die Art, wie Stadt- und Dorfgründungen vor sich gingen, ist uns zwar f
nicht unmittelbar urkundlich überliefert; doch dürfte sich nach Quelle
eng benachbarter Kolonisationsgebiete die Gründung so vollzogen haben
locator vom Grundherren, d. h. zunächst vom Markgrafen als dem
alles eroberten Gebietes, eine größere Hufenzahl zur Ansetzung deutscher
überlassen wurde. Der locator selbst erhielt zwei bis vier Hufen abgabe
das Schulzenamt über die neu entstehende Gemeinde. Die deutschen Ba
als persönlich freie Männer zu Erbzinsrecht angesiedelt („Hufner“); die
Wirte blieben da, wo die Dorfgründung nicht „aus wilder Wurzel“ (
sondern in Angliederung oder unter Aufsaugung vorhandener slawische
erfolgte, zumeist außerhalb des „Hufenschlages“ als „Kossäten“ (
kleinen mit Kate und Gartenland ausgestatteten Anwesen. Wo die
von Ackerbau, sondern von Fischerei lebten, blieben sie von den de
lungen häufig in sog. „Kietzen“ räumlich scharf gesondert. Der (ursprün
Zins der Hüfner, die Dienste der Kossäten kamen dem Grundherren
war zunächst der Markgraf selbst, in späterer Zeit jedoch waren es h
oder Ritter, die entweder als selbständige Kolonisatoren Neuland er
Bauern angesetzt oder vom Markgrafen das ihm zustehende Recht auf
abgetreten erhalten hatten. Die Städte unterschieden sich von den Dör
die größere Hufenzahl, die hier zur Verteilung kam. Auch hier erhie
das Schulzenamt. Eine Haussteuer trat an die Stelle des ländliche

Über dem Stande der Bauern und der Bürger erhob sich der der Ritt
der Herkunft war es nicht, was ihn vom Bürger und Bauer untersc
verdankte er, selbst oft genug unfreier Herkunft, seinen gehobenen
kriegerischen Beruf, den er als Ministeriale des Markgrafen ausübt
Berufsadel ist nicht nur als Eroberer, sondern zugleich auch als Ans

d. h. Leute von freier Herkunft auf freiem Eigen, das Urteil finden mußten, sondern daß Unbescholtenheit für den Urteilsfinder genügte, da ja freie Herkunft im Stande der Ministerialen nicht zu erwarten war. Und der Markgraf dingte kraft seiner eigenen markgräflichen Amtsgewalt, ohne daß es einer besonderen Bannleihe seitens des Königs, wie sie das westelbische „Dingen bei Königsbann" erforderte, bedurft hätte. Ebenso aber richteten auch seine Stellvertreter, die Vögte, in des Markgrafen Namen und, wie er selbst, bei Markgrafenbann (der nur 30 solidi, nicht, wie der Königsbann, 60 solidi betrug); auch sie übten also die Gerichtsbarkeit ohne königliche Bannleihe aus.

Die Gerichtsbarkeit der Mark schied sich, wie anderwärts, in höhere und niedere. Dabei richtete sich die Zuständigkeit anfangs nach der Bedeutung der Sache, später aber nach dem Stande der Parteien. So wurde das höhere Gericht, nämlich das vom Markgrafen selbst im Anschluß an die Versammlungen des weiteren Hofes gehaltene Hofgericht, das Gericht der ritterbürtigen Vasallen, während das sog. Landgericht der Vögte für nichtritterbürtige Personen zuständig war. Für das Hofgericht, das zugleich die höchste Instanz innerhalb des märkischen Rechtszuges darstellte, lassen der Richtsteig Landrechts Kap. 50 und das Berlinische Stadtbuch die Bezeichnung „Kammergericht" — jedenfalls für das 14. Jahrh. — vermuten: „de hogeste dingstat, dat is in des kemerers kamere, dat is tu tangermünde."

Als Territorium des Reichs war die Mark auch in den Rechtszug an die Reichsgerichte eingegliedert. Die Goldene Bulle (1356) gewährte dann freilich dem Markgraf als Kurfürsten ein privilegium de non appellando illimitatum; damit war bei Streitigkeiten brandenburgischer Untertanen untereinander der Rechtszug an das Reichshofgericht (seit 1495 auch das Reichskammergericht) ausgeschlossen. Nur Prozesse gegen den Landesherren konnten noch an das Reichsgericht gelangen; auch hatte die Goldene Bulle für Fälle von Rechtsverweigerung und -verzögerung den Weg an die Gerichte des Reiches freigehalten.

§ 4. Aufkommen der Landstände. Verfall. Die für die innere Entwicklung der Mark bezeichnende Gestaltung des gutsherrlich-bäuerlichen Verhältnisses, wie sie oben § 2 geschildert worden ist, setzte eine Schwächung der markgräflichen Gewalt, eine Stärkung der Macht des Besitzes voraus, die sich insbesondere nach der Askanierzeit (seit 1320) tatsächlich auf schnellstem Wege vollzog. Die privatrechtliche Auffassung der Hoheitsrechte des Markgrafen, dessen Landeshoheit nicht ein geschlossenes, einheitliches Recht, sondern ein ganzes Büschel verschiedener, auf den ungleichsten Erwerbstiteln beruhender Rechte darstellt, führte zu immer zahlreicheren Veräußerungen einzelner Rechte der Gerichts- und Verwaltungshoheit an Klöster, Ritter und Städte. Die Vogteiverfassung wurde durch zahllose Immunitäten fast abgebaut; die Landgerichte wie die Schulzengerichte wurden patrimonial; in den Städten, die nach dem ihnen verliehenen Rechte einer Mutterstadt lebten, bildete sich unter Verdrängung der markgräflichen Herrschaft die aus der Bürgerschaft herauswachsende Ratsverfassung; auf dem Lande gelang es den Rittern, die aus der militärischen Eroberungsepoche herrührenden, lediglich für Kriegs- und Verteidigungszwecke bestimmten bäuerlichen Hand- und Spanndienste in rein private Gutsdienste umzuwandeln und damit die Slawisierung der bäuerlichen Rechtsstellung einen weiteren Schritt vorwärts zu treiben; vielfach gelangten auch die „Beden", die der Ritter von seinen bäuerlichen Hintersassen für den Markgrafen einzuziehen hatte, im Wege der Ablösung in die Kassen der Grundherren und unterschieden sich dann bald nicht mehr von anderen grundherrlichen Abgaben. Durch alles dies

---

den Anfängen bis ins 15. Jahrhundert (3. Aufl.), S. 123; zu teilweise sehr abweichenden Auffassungen gelangten: Georg Meyer, Die Verleihung des Königsbannes und das Dingen bei markgräflicher Huld, 1881; Rosenstock, Königshaus und Stämme (1914), S. 117, 179, 189/90; Sommerfeld S. 64ff. Eine erschöpfende Aufzählung der Literatur zu dieser Frage dürfte sich hier erübrigen.

verstärkte sich die Macht des grundbesitzenden Adels gegenüber dem Markgrafen, und so konnte sich im Verhältnis zu ihm eine Art ständischer Opposition der Besitzenden entwickeln, die sich verstärkte, je ohnmächtiger die Landesherrschaft des Markgrafen wurde. Schon in den zur Regelung der ordentlichen und Beseitigung der außerordentlichen Steuern („Beden", precariae) dienenden Bedeverträgen (1280 bis 83) verhandelten die Vasallen und Städte mit dem Markgrafen wie mit ihresgleichen. Die dann trotz der Bedeverträge immer wieder notwendig werdende Aufbringung außerordentlicher Geldmittel erfolgte nicht mehr auf Grund einseitigen landesherrlichen Hoheitsaktes, sondern im Wege einer Steuer**bewilligung** der Prälaten, Ritter und Städte, die nur im Wege vertragsmäßigen Ausgleichs zwischen dem Markgrafen und den „Ständen" zu erlangen war. So bahnte sich, gerade im Zusammenhang mit der Steuerwirtschaft, der den Ständestaat charakterisierende Dualismus zwischen dem Landesherrn und den „Ständen" an. Trotz aller Zwiespältigkeiten unter den Ständen selbst, namentlich des tiefgreifenden Interessengegensatzes von Stadt und Land begann die landständische Verfassung die feudale abzulösen. Anarchie und Verfall waren zunächst die äußeren Zeichen, und ganze Landesteile gingen der Mark an landbegierige Nachbarn verloren.

§ 5. Das materielle Recht und der Prozeß. Das Recht, das die deutschen Kolonisten in die neu erworbene Mark mitbrachten, ist im großen ganzen ostfälisches Recht gewesen. Daß infolgedessen auch der Sachsenspiegel in der Mark rasche Verbreitung gefunden hat, ist selbstverständlich. So konnte in der Mark um 1325 die berühmte Glosse zum Landrecht des Sachsenspiegels entstehen, deren Verfasser ein brandenburgischer Hofrichter, Johann von Buch, gewesen ist. Er hat dem Landrecht auch die Einteilung in drei Bücher gegeben. Zu Bologna juristisch geschult, bemühte er sich, die Übereinstimmung von Sachsenspiegel und römischem Recht darzutun. In Nikolaus Wurm aus Neuruppin hat die Glosse um 1400 einen Neubearbeiter gefunden. Auch entstand in der 2. Hälfte des 14. Jahrhunderts in Stendal eine selbständige Glosse.

Für das Prozeßrecht von besonderem Werte wurde der „Richtsteig Landrechts", den Johann von Buch in der Mitte des 14. Jahrh. schuf. Für den Rechtsgang in Lehnssachen erlangte der „Richtsteig Lehnrechts" auch in der Mark praktische Bedeutung.

Das Recht der brandenburgischen Städte geht im wesentlichen auf magdeburgisches Recht zurück. In lebendiger Überlieferung wurde es durch die Tätigkeit der Schöppenstühle gehalten, von denen der Brandenburger Schöppenstuhl seit 1315 eine ganz allgemeine Bedeutung für die Mark gewann. Die besondere Herausbildung eines städtischen Rechtes ist nur ein Teil eines allgemeineren Entwicklungsprozesses, der auf Schaffung besonderer Standesrechte abzielte, so daß daß Sachsenspiegelrecht im wesentlichen das Recht der bäuerlichen Landbevölkerung wurde. Auf die märkische Rechtsentwicklung haben namentlich im Bereich des ehelichen Güterrechts auch die Rechte westfälischer Städte eingewirkt. So zeigt das Berliner Stadtbuch nach Seeboths trefflichen Untersuchungen neben dem Güterrechtssystem des Sachsenspiegels ein spezifisch brandenburgisches System in Form einer Gütergemeinschaft unter Lebenden und von Todes wegen mit Halbteilung im Todesfall. Auch vertragsmäßige Güterstände kamen in den Städten auf. Für das Erbrecht ergaben sich hieraus ebenfalls Eigentümlichkeiten gegenüber dem Sachsenspiegel.

Das Strafrecht der Mark unterschied sich in keiner nennenswerten Beziehung vom sonstigen mittelalterlichen Strafrecht.

Die ständische Auflösung der Mark begünstigte hier wie anderwärts den Gedanken der Zersplitterung des Rechtes und führte überdies oft zu einer Lahmlegung der weltlichen Rechtspflege, für die die Kirche unter Ausdehnung ihrer Zuständigkeit einen Ersatz zu geben wußte.

B. Der Territorialstaat.

Literatur: 1. Zur Geschichte der Stände: SCHOTTE, Fürstentum und Stände in der Mark Brand. unter der Regierung Joachims I., 1911. — HASS, Die kurmärkischen Stände im letzten Drittel des 16. Jahrhunderts, 1913. — BRACHT, Ständische Verhandlungen in der Kurmark unter Joachim Friedrich, 1896. — PRIEBATSCH, Die Hohenzollern und die Städte der Mark im 15. Jahrhundert, 1892. — 2. Zur Verfassungs- und Verwaltungsgeschichte: TÜMPEL, Die Entstehung des brandenburgisch-preußischen Einheitsstaates im Zeitalter des Absolutismus, 1915. — v. CAEMMERER, Die Testamente der Kurfürsten von Brandenburg, 1915. — HINTZE, Hof- und Landesverwaltung in der Mark Brandenburg unter Joachim II. (Histor. u. polit. Aufsätze 2[2]). — KLINKENBORG, Ratsstube und Kanzlei in Brand. im 16. Jahrhundert (Forsch. Bd. 26, S. 413); derselbe, Die kurfürstl. Kammer und die Begründung des Geh. Rates in Brand. (Histor. Zeitschr. Bd. 114, S. 473), derselbe, Die Entstehung der Geheimen Ratsordnung vom 13. Dez. 1604 (Forsch. Bd. 39, S. 215). — MOLLWO, Markgraf Hans von Küstrin, 1926. — HASS, Die Hofordnung Kurfürst Joachims II. von Brand., 1910. — 3. Zur Geschichte der Gerichtsverfassung und zur Rechtsentwicklung: STÖLZEL, Die Entwicklung der gelehrten Rechtsprechung, Bd. I, 1901; Bd. II, 1910. — SMEND, in Forschungen z. brand.-preuß. Gesch. Bd. 20. — PERELS (vgl. Literatur vor § 1). — HÄLSCHNER, Geschichte des brandenburgisch-preuß. Strafrechts, 1855. — EB. SCHMIDT, Fiskalat und Strafprozeß, 1921. — HENNIG, Die Kirchenpolitik der älteren Hohenzollern in der Mark Brand. 1906. — STUTZ, Kurfürst Johann Sigismund von Brandenburg und das Reformationsrecht (Sitzungsber. der Preuß. Akad. d. Wissensch.), 1922. — Vgl. auch die unter A angegebenen Werke von KÜHNS und SPANGENBERG.

§ 6. Die Wiederherstellung der landesfürstlichen Gewalt und die Ausbildung der landständischen Verfassung. Das Land aus Anarchie und innerem wie äußerem Zerfall zu erretten, die landesfürstliche Gewalt unter Zurückweisung ständischer Anmaßung wieder herzustellen und den alten Territorialbestand zurückzugewinnen, war die nächste Aufgabe des Hauses Hohenzollern, das mit Friedrich I. (1415 bis 1440) zur brandenburgischen Kurwürde gelangte. Friedrich I. begann ihre Lösung damit, daß er den Adel — nicht ohne Hilfe der Städte — zur Anerkennung seiner Herrschaft zwang; Friedrich II. (1440—1470) unterwarf die Städte (Berlin und Cölln 1442; Schloßbau!), schnitt ihre Verbindungen mit der Hansa ab und griff in die autonome Ratsverfassung ein, indem er sich die Bestätigung der Magistrate vorbehielt. Johann (1486—1499) vermochte den Städten gegen den Willen der altmärkischen Städte eine dem Landesfürsten zufließende indirekte Steuer, die Bierziese, aufzuerlegen. Gegenüber der römischen Kurie sicherte sich Friedrich II. (1447) das Recht der Nomination der Landesbischöfe (Brandenburg, Havelberg, Lebus) und den unbedingten Vorrang der weltlichen vor der geistlichen Gerichtsbarkeit. Die Autonomiebestrebungen der verschiedenen ständischen Gewalten wurden somit kraftvoll und klug unterdrückt; dem Eindringen einer neuzeitlichen „Staats"-Auffassung ebneten sich dadurch die Wege. Freilich entwickelte sich in dieser Epoche, in der die Territorien „Mitteldinge zwischen Standesherrschaft und Staat" (v. CAEMMERER) darstellten, noch nicht ein Staat im modernen Sinne. Noch fehlte jeder Gedanke an äußere Machtpolitik, noch gelang es allen Bestrebungen zum Trotz nicht, gegenüber Habsburgs gewaltig gestiegener Hausmacht die Unabhängigkeit vom Kaiser zu erringen, die Reichsstandschaft zu durchbrechen; noch war man weit davon entfernt, im Innern den Einfluß der Stände auf die Regierung zu beseitigen und damit im Verhältnis zu den Ständen zum Absolutismus zu gelangen. Dennoch aber unterscheidet sich der Territorialstaat dieser Epoche erheblich von dem Territorium der Vorhohenzollernzeit. Unter dem Einfluß der Rezeption und Reformation veränderte sich die Auffassung von der landesfürstlichen Gewalt. Sie erschien nicht mehr als Konglomerat veräußerlicher Einzelrechte, sondern im Hinblick auf das alles umfassende jus politiae als einheitliche Obrigkeitsgewalt unveränderlicher, höchstpersönlicher Art. Freilich wirkte die mittelalterliche Auffassung noch insofern nach, als der Landesherr nicht als ein dem Staate eingeordnetes Organ, sondern als das außerhalb des Staates stehende Beherrschungssubjekt angesehen wurde und Land und Leute lediglich als seine Beherrschungsobjekte galten (Objekttheorie). Die Grundlagen für den Polizeistaat und den landesherrlichen Absolutismus begannen schon deutlich hervorzuschimmern.

Die praktische Betätigung der landesfürstlichen Gewalt war freilich nicht nur eine Frage des Rechts, sondern zugleich eine Frage tatsächlicher Macht. Die Regierung Joachims I. (1499—1535) bedeutete in dieser Hinsicht einen Höhe- und Wendepunkt in unserer Epoche. Wenn es ihm auch nicht gelang, sämtliche staatlichen Hoheitsrechte in seiner Hand zu vereinen (an die Rückgängigmachung der Patrimonialisierung des Landes war gar nicht zu denken), so hielt er doch das von seinen Vorgängern Erreichte energisch fest und sorgte für strenge Bewahrung des Landfriedens, für Recht und Ordnung. Es fehlte seiner Regierung nicht ein Anflug von Absolutismus, namentlich im Verhältnis zu den Städten. Aber seinen Nachfolgern eignete nicht seine kraftvolle Natur. Verschwenderisches Hofleben trotz allgemeiner wirtschaftlicher Krise führte zu finanziellem Niedergang, dieser zur Abhängigkeit von den geldbewilligenden Ständen, den besitzenden, und darum bevorrechtigten Klassen des Landes. Die landständische Verfassung entwickelte sich auf dieser Basis zu höchster Blüte und charakterisierte das innerstaatliche Bild bis zum Ausgang des Dreißigjährigen Krieges. Damit belebte sich von neuem jener Dualismus zwischen Landesfürst und Ständen. Letztere gelangten bisweilen zu förmlicher Mitregierung und knüpften sogar selbständig auswärtige Beziehungen an. Im übrigen war es vor allem ihr Bestreben, ihre soziale Stellung zu behaupten und tunlichst auf Kosten anderer zu verbessern. Daher die dauernde Rivalität der Stände untereinander, heftig geschürt durch den wirtschaftlichen und sozialen Gegensatz von Stadt und Land. Daher aber auch das Bemühen des Adels, den Bauernstand in immer drückendere Abhängigkeit zu versetzen und unter Förderung jener Kontaktmetamorphose den gesamten bäuerlichen Besitz in unfreien Laßbesitz mit Dienstverpflichtungen und persönlicher Untertänigkeit des Wirts umzuwandeln. Dadurch suchte der Adel über die Wirtschaftskrise im ersten Drittel des 16. Jahrhunderts und ihre weittragenden Folgen hinwegzukommen. Vom Kriegsdienste durch Aufkommen der Söldnerheere verdrängt, des Fehde- und Raubritterlebens durch den erstarkenden Staat Joachims I. entwöhnt, war er auf Intensivierung seiner Gutswirtschaft angewiesen, um über den Eigenbedarf für den Markt produzieren zu können. So erklärt sich das Verlangen nach einer abhängigen Arbeiterschaft und nach Arrondierung des Eigenbesitzes durch Verdrängung der bäuerlichen Wirte (Bauernlegen). Der Landesherr konnte diesen Bestrebungen in der Blütezeit des Ständestaates nicht Einhalt gebieten, weil es ihm bei seiner finanziellen Abhängigkeit von den Ständen nicht möglich war, in die sozialen Privilegien des Adels einzugreifen und ihrer oft gewaltsamen Ausdehnung entgegenzutreten.

Ein dem Dualismus zwischen Fürsten und Ständen verfallenes Staatswesen vermochte auf der Weltbühne nichts zu bedeuten. In der Tat dachte Brandenburg in seinem „territorialen Stilleben" (Hintze, Hist. u. pol. Aufs. I 13) nicht an Beteiligung an den großen Welthändeln; Reinerhaltung der neuen kirchlichen Lehre, Pflege der Justiz sind die einzigen Angelegenheiten von höherer politischer Bedeutung, denen Landesherr und Stände ihre Aufmerksamkeit widmeten. Erlangung äußerer Macht — im Sinne der großen westeuropäischen Mächte — lag dem brandenburgischen Staate mit seiner damals typischen Kirchturmspolitik gänzlich fern.

§ 7. Der Kurfürst. Die Stellung des Kurfürsten war nach dem Vorhergehenden in dieser Epoche keine einheitliche. De jure ruhte in seiner Hand die gesamte Landeshoheit; de facto aber mußte er sich, namentlich seit 1535, eine Art Mitregierung der Stände gefallen lassen. Jedenfalls aber ist er, gestützt auf das in der Entstehung begriffene, juristisch geschulte, von den Ständen unabhängige Beamtentum („gemietete Doktoren"), der Repräsentant der neuen Staatsauffassung gegenüber den Ständen. Allerdings wirkte, wie schon gesagt, die mittelalterliche, rein privatrechtliche Auffassung von den landesherrlichen Rechten in mancher Beziehung noch lange nach: Auch die Hohenzollern nahmen Landesteilungen vor, soweit das Recht der Goldenen Bulle, die die Kurlande für unteilbar erklärt hatte, nicht im Wege stand. Die viel verkannte Dispositio Achillea (1473) sollte mit dem System der Landesteilungen noch keineswegs für alle Zukunft aufräumen, sollte kein alle Nachfolger bindendes „Erbfolgegesetz" (HINTZE) darstellen, sondern war ein den Grundsätzen der Goldenen Bulle entsprechender einmaliger Erbteilungsakt[1]. Tatsächlich hat „der Teilungsgedanke" noch „das ganze 16. Jahrhundert beherrscht" (TÜMPEL S. 7), und es ist bezeichnend genug, daß sogar ein Landesfürst wie Joachim I. in seinem Testament von 1534 eine Landesteilung vornahm und auf diese Weise bewirkte, daß die Neumark von 1535 bis 1571 unter Johann von Küstrin ein staatlich selbständiges Dasein führen konnte. Erst der Geraische Hausvertrag von 1598/99 (Johann Georg hatte im Testament von 1596 wiederum eine Teilung vorgenommen) bedeutete eine für die Zukunft berechnete hausgesetzliche Regelung der Erbfolge im Sinne völliger Unteilbarkeit der Kurmark nebst den bisher dazu gelangten oder künftig dazu gelangenden Gebieten und Anwartschaften und endgültiger Festlegung der Primogeniturthronfolge. Damit war der alten patrimonial-patriarchalischen Auffassung von der Stellung des Herrschers zum Lande der entscheidende Stoß versetzt.

§ 8. Die Stände. Die Stände stellten die rechtliche Organisation der besitzenden Klassen dar und zerfielen in Oberstände (Prälaten, Grafen, Herren, Ritter) und Unterstände (Städte). Der Gedanke einer Volksvertretung lag den Ständen gänzlich fern; infolgedessen war von ihnen eine Förderung des aufkeimenden Staatsgedankens nicht zu erwarten; im Gegenteil, wo dieser, und als Repräsentant desselben der Kurfürst, mit ihren Standesinteressen in Widerstreit geriet, war sofort der innerpolitische Konflikt gegeben. Die Macht der Stände beruht auf ihrem zäh festgehaltenen Steuerbewilligungsrecht. Geldbewilligungen ließen sich die Stände sehr oft nur im Austausch gegen Privilegien abringen, die namentlich ihre patrimoniale Stellung gegenüber den bäuerlichen Hintersassen und sonstige soziale oder wirtschaftliche Vorrechte sichern und befestigen sollten. Im ständischen Kreditwerk war die Steuer- und Finanzverwaltung der Stände organisiert (die Beamten rein ständisch!). Auf den (allgemeinen) Landtagen oder den nur von einzelnen Deputierten gebildeten Deputationstagen fanden die Beratungen, namentlich auch mit dem Kurfürsten, statt; seit 1541 versah der sog. Große Ausschuß faßt alle Funktionen der ständischen Korporationen; er war der Hauptrepräsentant, zugleich auch die „Hochburg" des Ständetums; er verwaltete die ständischen Kassen (das Kreditwerk). Aber er hat angesichts der gegenseitigen Rivalität der Stände untereinander den wirtschaftlichen Bankrott des Kreditwerks im ersten Viertel des 17. Jahrhunderts trotz der gesteigerten innenpolitischen Macht der Stände nicht verhindern können. So war es denn in späterer Zeit der erstarkenden Staatsgewalt doch möglich, über die Stände hinweg zu einer von ihnen unabhängigen Finanzverwaltung zu gelangen, und das ständische Kreditwerk, das nach einem konkursähnlichen Schuldenabwicklungsverfahren wieder belebt wurde, konnte später als „Kurmärkische Landschaft" zu einer bedeutenderen politischen Rolle nicht mehr gelangen, zumal es der Aufsicht des Staates unterstand.

§ 9. Behördenorganisation und Landesverwaltung. Patriarchalisch-kleinstaatlichen Charakter trug die gesamte Landesverwaltung. Noch waren, wie in der Vorhohenzollernzeit, die Zentralverwaltung des Landes und die Verwaltung des kurfürstlichen Hofes nicht getrennt, noch begegnen die Inhaber der alten Hofämter zugleich als oberste Beamte des Staates, und die „Hofordnungen", die das Leben

[1] Sehr bestritten; doch setzt sich diese Auffassung neuerdings immer mehr durch. Vgl. namentlich v. CAEMMERER und TÜMPEL. Anderer Meinung BORNHAK, GIESE u. a.

am Hof und die Bewirtschaftung des Domanialbesitzes regelten, waren zugleich die Regulative für den Dienst der obersten Staatsämter. Die „wesentlichen Räte“, die in täglicher Beratung des Kurfürsten ständig an seinem Hofe weilten, erledigten die gesamte Zentral-, Hof- und Staatsverwaltung ohne scharfe Ressortverteilung. In dieser „Ratsstube“ des Schlosses tagte zugleich auch das „Kammergericht“, so daß in primitiver Weise Zentralverwaltung und Rechtsprechung hier vereinigt waren. Sobald sich indessen die ersten Ansätze zu einem Hinauswachsen des Staats über die Hofverwaltung bemerkbar machten, konnte es bei diesem Zustande auf die Dauer nicht bleiben. Es ist sehr bezeichnend, daß die durch die Reformation gebrachte Fülle neuer Verwaltungsaufgaben zu der ersten Abspaltung aus der bis dahin ganz unterschiedslosen Ratsstube führte, zur Begründung eines Konsistoriums (1543). Unter Johann Georg kam es dann — zunächst wohl noch innerhalb der Ratsstube — zur Bildung einer besonderen „Amtskammer“ für die Domänenverwaltung, einer Behörde, der 1615 mit der Amtskammerinstruktion eine abgeschlossene kollegialische Form gegeben wurde. „Die letzte entscheidende Phase des Differenzierungsprozesses“ (Hintze) aber bildete die Begründung des Geheimen Rates, die mit der Geheimen Ratsordnung vom 13. Dezember 1604 ihren formellen Abschluß erreichte[1]. Bedeutende Fragen der äußeren Politik gaben dazu die Veranlassung. Aber der Geheime Rat sollte nicht nur beratendes Organ in auswärtigen Angelegenheiten sein, sondern auch Aufsichtsinstanz hinsichtlich der inneren Verwaltung überhaupt, und in Abwesenheit des Kurfürsten lag die gesamte Regierung in seiner Hand. Die alte „Ratsstube“ aber war damit als Kammergericht auf Angelegenheiten der Gerichtsbarkeit beschränkt. (Vgl. Hintze, Hohenzollern, S. 154). In den unteren Instanzen reichte die landesherrliche Verwaltung nicht sehr weit. Die Vogteiverfassung in alter Weise wiederherzustellen, war unmöglich; als landesherrliche Beamte begegnen in den größeren Landschaften (Uckermark, Altmark, Priegnitz) Landeshauptleute, die aber von den Ständen nicht unabhängig waren und später verschwanden. Die Lokalverwaltung ruhte (abgesehen von den landesherrlichen Domänen, wo der Kurfürst die gleiche Stellung hatte wie der ritterliche Grund- und Gutsherr in seinem Bezirk) völlig in den Händen patrimonialer Gewalten.

§ 10. Die Kirche. Das einzige Verwaltungsgebiet, auf dem der Landesherr von ständischen Einflüssen ganz frei war, war die Kirche. Diese wurde nach Annahme der Reformation, die dem Landesfürstentum einen bedeutenden realen und ideellen Machtzuwachs brachte, eine durchaus „fürstlich regierte Landeskirche“ (jus reformandi, jus episcopale). Die Geistlichen empfingen ihr Amt nur vom Landesherrn, der durch Superintendenten und durch das Konsistorium (oben § 9) sein Aufsichtsrecht ausübte. Die enge Verbindung der Kirche mit dem Staate wurde zu einer Gefahr für die weitere Kulturentwicklung, als nach Luthers Tode jene starre Ver-

---

[1] Daß die Geheime Ratsordnung von 1604 nur der formelle Abschluß und zugleich der straffe kollegialische Zusammenschluß einer der Sache nach schon im letzten Drittel des 16. Jahrhunderts vollzogenen Behördenbildung gewesen ist, hat Klinkenborg, wie ich glauben möchte, mit Sicherheit nachgewiesen. Wir verdanken Klinkenborgs Forschungen auch interessante Einblicke in das persönliche Kräftespiel, das dem Erlaß der Geheimen Ratsordnung vorhergegangen ist (vgl. Forsch. Bd. 39, S. 215). Daneben dürfte freilich die alte Streitfrage, ob die Begründung des Geheimen Rates tatsächlich einen „Bruch mit dem ständischen System“ (Bornhak) bedeutet habe, fortbestehen. Vgl. dazu jetzt Hartung (3. Aufl.), S. 67, Note 1. Nicht vermag ich Klinkenborgs Meinung über die Ratsstube des 16. Jahrhunderts zuzustimmen, die er mittels scharfsinniger Auslegung der Hofordnung Joachims II. und nicht ohne bedenkliche Rückschlüsse aus den Zuständen im letzten Drittel des 16. Jahrhunderts als eine von vornherein ausschließlich jurisdiktionelle Instanz („Kammergericht“) ansprechen zu dürfen glaubt. Vgl. gegen Klinkenborg: Hartung (3. Aufl.), S. 52 und Mollwo, S. 361 Note 9, S. 362 Note 11, S. 418 Note 18. Daß die Ratsstube, wie sie im Text geschildert, „allmächtig“ gewesen sein müsse (so Klinkenborg, Forsch. Bd. 26, S. 75), ist nicht einzusehen. Sie ist trotz allem eine sehr lose Organisation gewesen und der kurfürstliche Einfluß brauchte durch sie um so weniger eingeschränkt zu werden, als sich in ihr zwei sehr verschiedenartige Elemente, ständische Adlige einerseits, und „gemietete Doktoren“ andererseits, gegenüberstanden.

knöcherung in den Protestantismus einriß, die zu geistloser Intoleranz gegenüber anderen Bekenntnissen führte. Diese Gefahr wurde durch den Übertritt Johann Sigismunds zur reformierten Kirche (1613) gebannt, der das Nebeneinanderbestehen zweier evangelischer Religionsbekenntnisse zur Folge hatte und damit jedenfalls die tatsächliche Voraussetzung dafür schuf, daß sich der Staat allmählich über die Konfessionen erheben mußte. Den um die Reinerhaltung der lutherischen Lehre besorgten Ständen mußte der Kurfürst im Rezeß von 1615 beruhigende Zusicherungen geben. Ein Zwang auf die Stände, ebenfalls zum reformierten Bekenntnis überzutreten, lag außerhalb des Bereiches der Möglichkeit, zumal eine Ausübung des jus reformandi nicht in Frage kam, weil dies nur den katholischen und den zur Confessio Augustana gehörenden Landesfürsten zustand, die Reformierten jedoch erst seit 1648 den letzteren gleichgestellt wurden[1]. Für das Verhältnis von Staat und Kirche war aber die konfessionelle Spaltung zweifellos von nachhaltiger Bedeutung (vgl. darüber unten § 23).

§ 11. Die Gerichtsverfassung und das Prozeßrecht. Auf die Gestaltung der Gerichtsverfassung wirkten neben der vorgeschrittenen Patrimonialisierung namentlich das Eindringen des römischen Rechts, dann aber auch die Entwicklung des neuen Staatsgedankens ein. Die Patrimonialisierung hatte dahin geführt, daß die Rechtsprechung der unteren Instanz — vom Domänenbesitz abgesehen — ganz in die Hände der Stände geriet. Aber auch mittelinstanzliche Landgerichte waren patrimonial geworden. Die landesherrlich gebliebenen Landgerichte wurden mit den provinzialen Hofgerichten zu Hof- und Landgerichten verschmolzen, erlangten aber keine große Bedeutung gegenüber dem Kammergericht (Kammergerichtsordnung 1540), das nicht nur in der Ratsstube des kurfürstlichen Schlosses tagte, sondern auch sog. Quartalssessionen in der Alt- und Uckermark veranstaltete (Quartalgerichte). In den Gerichten wurde durch die Rezeption die altdeutsche Schöffenverfassung allmählich verdrängt. Zugleich erfuhr das Verfahren selbst eine bedeutsame Veränderung. Zivil- und Strafprozeß begannen sich deutlicher zu scheiden. In jenem siegten die romanisch-kanonischen Prozeßformen (sollemnis ordo judiciorum) des schriftlichen, in Terminen vor sich gehenden Verfahrens über den deutschen Prozeß mit den Grundsätzen der Mündlichkeit und Unmittelbarkeit. Gegen die mit der Schriftlichkeit und Terminmäßigkeit verbundenen üblen Folgen der Prozeßverschleppung suchte schon die Kammergerichtsreformation von 1540 anzukämpfen. Im Strafprozeß wurde der Anklagegrundsatz in allmählich gesteigertem Maße durch das amtliche Einschreiten verdrängt, ein besonders interessantes Zeichen für das Erwachen der Staatsgewalt. Auch hier drang der kanonisch-italienische Prozeß in das märkische Recht ein. Die Prozeßnormen der Bambergensis sind nachweislich in Brandenburg befolgt, die Carolina ist auf ausdrückliches Verlangen der Stände eingeführt worden. Der Inquisitionsprozeß begann seinen Siegeslauf.

§ 12. Das materielle Recht. Dies alles waren Wirkungen der Rezeption der fremden Rechte, die auch in Brandenburg durch das juristisch geschulte neue Beamtentum gefördert wurde. Das römische Recht drang in das materielle Zivil- und Strafrecht ein, ohne jedoch das einheimische Recht völlig verdrängen zu können. In der „Ordnung der Erbfälle und anderen Sachen“ vom 9. 10. 1527 (Constitutio Joachimica) fand die Rezeption gesetzliche Anerkennung, doch wurden für das Erbrecht der Ehegatten die märkischen Rechtsgrundsätze (vgl. oben § 5) gegenüber dem römischen Recht gewahrt. Das allmähliche Eindringen eines fremden Rechts war naturgemäß von einem Zustande großer Rechtsunsicherheit in der Praxis der Gerichte begleitet. In dem Nebeneinander des alten und neuen Rechts einen sicheren Ausgleich zu schaffen, sollte das Ziel kodifikatorischer Landesordnungen sein, wie sie damals auch in anderen Territorialstaaten angestrebt und teil-

[1] Vgl. Stutz in dem zu B zitierten Werk, ferner denselben, Kirchenrecht (Enzyklopädie von Holtzendorf-Kohler, Bd. 5), 1914, S. 371 und 373.

weise auch zuwege gebracht wurden (von großer Bedeutung für die deutsche Rechtsentwicklung während des 17. Jahrhunderts insbesondere die sächsischen Konstitutionen von 1572). Auf Verlangen der Stände hat der Kanzler Lampert Distelmeier bald nach 1572 erstmalig eine märkische Landeskonstitution entworfen, die stark von deutschrechtlichen Gedanken durchzogen war. Zum Gesetz wurde sie nicht erhoben. Das gleiche Schicksal hatte der aus dem Jahre 1594 stammende Entwurf einer Landeskonstitution, den der Kanzler Christian Distelmeier (Lamperts Sohn) wiederum auf Drängen der Stände ausarbeitete. Immerhin ist der rechtliche Gehalt dieser Entwürfe dem märkischen Rechtsleben zugute gekommen, namentlich nachdem Joachim Scheplitz im Jahre 1608 sein berühmtes Werk „Etzliche Statuta und Gewohnheiten der Chur und Marcke Brandenburg“ herausgegeben hatte, in welchem die Distelmeierschen Entwürfe maßgeblich berücksichtigt worden waren. Wenn auch nur eine Privatarbeit, ist dieses Werk auf den Gerichtsgebrauch zweifellos von Einfluß gewesen. Zur Erhaltung deutschrechtlicher Gedanken, namentlich im ehelichen Güter- und im Erbrecht, hat es entschieden beigetragen.

Zweites Kapitel.

Die Entstehung des brandenburg-preußischen Gesamt- und Einheitsstaates.

Literatur: Vgl. die vor § 6 angeführten Arbeiten von Tümpel und v. Caemmerer. Ferner: 1. Zur Auseinandersetzung mit den Ständen: Küntzel in der vom Ver. f. G. d. Mark Br. veranstalteten Festschrift f. Schmoller, 1908. — Rachel, Der Gr. Kurfürst und die ostpreuß. Stände 1905. — Bergmann, Gesch. der ostpreuß. Stände u. Steuern 1688—1704, 1901. — Für Cleve-Mark vgl. die im Lit.-Auszug mitgeteilte Arbeit von Hötzsch. — 2. Zur Verfasungs-, Verwaltungs- und Rechtsgeschichte im übrigen: Hintze, Histor. u. polit. Aufs. Bd. 1. — Schmoller in Acta Borussica Bd. 1, Einleitung. — Hintze, ebenda Bd. 6. — Koser, Zur preuß. und deutschen Geschichte, Aufs. u. Vorträge 1921, S. 1ff. u. 64ff. — Rachel, Der Merkantilismus in Brand.-Preußen (Forsch. z. Brand. u. Preuß. Gesch. Bd. 40 S. 221ff.). — Klinkenborg, Die Stellung des kgl. Kabinetts in der preuß Behördenorganisation, Hohenzollern-Jahrb., 1915. — Prinz August Wilhelm, Die Entwicklung der Kommissariatsbehörden in Brandenburg-Preußen, Straßburger Diss. 1908. — Über dasselbe Thema auch Breysig in Forsch. z. br.-pr. Gesch. Bd. 5, 1892. — Koch, Hof- und Regierungsverfassung König Friedrichs I. von Preußen (Unters. z. deutschen Staats- u. Rechtsgesch., hrsg. von J. v. Gierke), 1926. — Gelpcke, Die geschichtl. Entwicklung des Landratsamts, 1902. — Hintze, Der Ursprung des preuß. Landratsamts (Forsch. z. Br.-Pr. Gesch. Bd. 28). — Förstemann, Zur Geschichte der preuß. Monarchie, 1867. — Perels, Die allgem. Appellationsprivilegien für Brand.-Pr. 1908. — Eb. Schmidt, Fiskalat und Strafprozeß, 1921. — Holtze, Strafrechtspflege unter König Friedrich Wilhelm I., 1894. — 3. Zur Geschichte des Heereswesens vgl. noch Schmoller, Die Entstehung des preußischen Heeres (Umrisse und Untersuchungen zur Verfassungs-, Verwaltungs- und Wirtschaftsgeschichte), 1898. — v. Schroetter, Die brand.-pr. Heeresverfassung unter dem Großen Kurfürsten, 1892. — M. Lehmann, Werbung, Wehrpflicht und Beurlaubung im Heere Friedrich Wilhelms I. (Histor. Z. Bd. 67, S. 254). — Jany, Die Kantonverfassung Friedrich Wilhelms I. (Forsch. Bd. 38, S. 225).

§ 13. Die Überwindung des Ständestaats. Eine neue, selbständig zu würdigende Epoche der preußischen Rechtsentwicklung begann mit der Regierung des Großen Kurfürsten (1640—1688). Die Entwicklung der europäischen Verhältnisse hatte dem Kurhause Hohenzollern nicht unbeträchtliche Gebietserwerbungen ermöglicht: im Xantener Vergleich 1614 wurden Kleve, Mark, Ravensberg, Ravenstein gewonnen; 1618 erfolgte die Erwerbung des Herzogtums Preußen, des ehemaligen Ordenslandes des deutschen Ritterordens, freilich unter polnischer Lehnshoheit, übrigens auch außerhalb des Reichsverbandes; der Westfälische Frieden endlich brachte 1648 Hinterpommern (ohne das rechte Oderufer), Halberstadt, Minden, Kammin und die Anwartschaft auf Magdeburg ein, dessen endgültige Erwerbung sich im Jahre 1680 vollzog. Diesen verstreuten Gebieten fehlte es an jedem staats-

'echtlichen Bande, das sie mit der Kurmark hätte einen können. Nur eine ganz ose Personalunion war in der Person des Kurfürsten begründet. Der in allen diesen Staaten herrschende landschaftliche Sondergeist (Ständetum!) ließ die Idee einer Zusammengehörigkeit gar nicht aufkommen, zumal jede Interessengemeinschaft der maßgeblichen Stände fehlte. Die Überwindung dieses Sondergeistes vollzogen, die Idee des Gesamtstaates, wenn nicht bewußt erfaßt, so doch unter dem Gesichtspunkt außenpolitischer Machtnotwendigkeit schon weitgehend verwirklicht und mit alledem die großen politischen Lehren des Dreißigjährigen Krieges für sein Land nutzbar gemacht zu haben, ist das Verdienst des Großen Kurfürsten. Die Mittel zur Erreichung seines Zieles waren die Schaffung eines stehenden Heeres, die Verselbständigung der Steuerwirtschaft und Finanzverwaltung, aber auch die Produzierung eines neuen Amtsrechtes, das, auf der Basis des Absolutismus als „monarchisches Verordnungsrecht"[1] entstanden, die von ständischen Einflüssen allmählich sich lösende Bürokratie aller einzelnen Länder mit der Person des gemeinsamen Herrschers eng verband.

Daß in allen diesen Punkten der Widerstand der Stände gebrochen werden mußte, liegt auf der Hand. Dies konnte nur im Wege einer „Revolution von oben" geschehen, die den ständischen Einfluß auf die Regierung der einzelnen Landesteile beseitigte, den Absolutismus begründete. Doch richtete sich diese Revolution in keiner Weise gegen die sozialen Vorrechte der Stände, im Gegenteil: ihre soziale Stellung, also namentlich die des Adels, erfuhr auf Kosten des Bauernstandes eine Verstärkung, das gutsherrlich-bäuerliche Verhältnis machte im Sinne weiterer Bindung des bäuerlichen Wirts an die Scholle und weiterer Besitzverschlechterung Fortschritte; aber auf politischem Gebiete siegte der Kurfürst; denn es gelang ihm, überall die Begründung eines stehenden Heeres und die Bewilligung der dafür zunächst erforderlichen Geldmittel durchzusetzen, schließlich in Verbindung mit der Heeresverwaltung eine rein kurfürstliche (staatliche) Finanzverwaltung zu schaffen, immer mehr die landesherrliche Steuerhoheit zu begründen und die einzelnen Gebiete mit gleichen Institutionen und gleichen Interessen zu erfüllen. Der Staatsgedanke einer modernen Zeit, in der Person des Kurfürsten, in seiner Armee, seinem Beamtentum zunächst sinnfällig verkörpert, hat den ständisch-territorialen Partikularismus allmählich besiegt, die Personalunion der einzelnen Lande in eine Realunion verwandelt und damit aus der Vielheit von einander fremden Territorien einen einheitlichen Staat gestaltet. Indem so die Grundlagen zur Erlangung einer Großmachtstellung für den preußischen Staat gelegt wurden, entwickelt sich zugleich im Innern kraft historischer Notwendigkeit der Absolutismus.

Hand in Hand mit dieser Entwicklung nach außen und im Innern, sie durchdringend und befördernd, vollzieht sich seit den Tagen des Großen Kurfürsten in den preußischen Gebieten ein gewaltiger Umschwung im Wirtschaftsleben, der selbstverständlich für die Rechtsentwicklung von entscheidender Bedeutung wurde. An die Stelle der bisherigen „lokalen und landschaftlichen Wirtschaftspolitik" tritt allmählich, insbesondere seit Friedrich Wilhelm I., „eine staatliche und nationale"[2]. Auch Brandenburg-Preußen geht, dem allgemeinen Zuge der Zeit folgend, zur merkantilistischen Wirtschaftspolitik über, die sich, wie SCHMOLLER sie treffend charakterisierte, als „Staatsbildung" erwies „in dem modernen Sinne, die staatliche Gemeinschaft zugleich zu einer volkswirtschaftlichen zu machen und ihr so eine erhöhte Bedeutung zu geben". Die planmäßige staatliche Förderung der „Manufakturen", die Gründung großer wirtschaftlicher Unternehmungen (1680 die erste brandenburgische Aktiengesellschaft!), die Heranziehung zahlreicher Refugiés auf Grund des Potsdamer Ediktes vom 29. Oktober 1685, um Gewerbe, die dem Lande noch fehlten, neu aufzubauen, die Steigerung in der Ausnutzung des

[1] HINTZE, Forsch. Bd. 30, S. 393.
[2] SCHMOLLER, Umrisse und Untersuchungen, S. 37.

Salzregals, die Belebung der Schiffahrt, die Einrichtung des Postwesens — alles das sind Maßnahmen, die die merkantilistische Wirtschaftspolitik mit ihrem Streben nach Aktivierung der Handelsbilanz deutlich in die Erscheinung treten lassen[1]. Auf dem Gebiete des Finanz- und Steuerrechts, des bürgerlichen und des Handelsrechts, ja sogar auf dem des Strafrechts führte diese Entwicklung zu neuartigen Weiterbildungen; ist doch das Zuchthaus zu Spandau gemäß dem Edikt vom 11. Juni 1687 gegründet worden „zur beförderung der Wollen- und Seyden-Manufacturen auch zugleich zur Verbeßerung der bishero ermangelnden Spinnerey in unsern Churlanden"[2]. Friedrich Wilhelm I. aber wurde durch intensiven Ausbau des Merkantilsystems, um mit Rachel[3] zu sprechen, der „Erzieher zu Fleiß und Wirtschaftlichkeit im eifervollen Kampf gegen allen Schlendrian" und hat so „das Meiste getan, um einem an sich wenig regsamen, bedürfnisarmen und allzu traditionsgebundenen Volk Wille und Freudigkeit zu intensiver Arbeit und zu wirtschaftlichem Wettbewerb beizubringen."

§ 14. Der Landesherr. Je mehr im deutschen Reiche die Zentralgewalt von der ständischen der Territorialfürsten überflügelt, umgekehrt innerhalb der Territorien die partikularistische ständische Gewalt von den Landesherren verdrängt wurde, desto gefestigter wurde die rechtliche Stellung der Fürsten nach außen und innen. Der Westfälische Frieden von 1648 brachte ihnen bereits fast die volle Souveränität. Für den Kurfürsten von Brandenburg wirkte in dieser Hinsicht noch fördernd die Erlangung der Souveränität im Herzogtum Preußen (1657) und die Erwerbung der Königskrone (1701). Die Beseitigung der Reichsgerichtsbarkeit über den Kurfürsten (1653) war im Hinblick auf die politische Selbständigkeit nicht viel weniger als selbstverständlich. Im Innern gelangte die Ausbildung unumschränkter Landeshoheit zum Abschluß: in der Hand des Kurfürsten (Königs) lag die Gesetzgebung, die Verwaltungsgewalt im weitesten Sinne und die oberstrichterliche Gewalt. Das Ständetum verlor — unbeschadet seiner sozialen Vorzugsstellung im Staate — seine politische Bedeutung[4] und zog sich, von der Mitregierung des Landes verdrängt, auf das Leben in den Kreisen, auf die Verwaltung eigener Angelegenheiten zurück, soweit der Staat sie ihm überließ. Auch dynastische Interessen wurden dem Staate nicht mehr gefährlich: das merkwürdige Testament des Großen Kurfürsten (1686), das an alte Erbteilungen anklingt, gelangte dank der Haltung seines Nachfolgers nicht zur Vollstreckung. Friedrich Wilhelm I. aber legte durch das berühmte Domänenedikt vom 13. 8. 1713 die Unveräußerlichkeit des bisherigen und zukünftigen Staatsgebietes endgültig hausgesetzlich fest und entzog zugleich auch den rein staatlich aufgefaßten Domänenbesitz jeder privatrechtlichen Verfügung seitens der Landesherren.

§ 15. Die Umbildung des Behördenwesens. Wie bereits angedeutet, vollzog sich der große staatliche Entwicklungsprozeß zum Absolutismus unter bedeutsamer Veränderung des inneren Behördenorganismus. Das Charakteristische dieser Umbildung bestand darin, daß die aus der ständisch-territorialen Zeit überkommenen Behörden nirgends radikal beseitigt, sondern im Wege eines allmählich verlaufenden Ablösungsprozesses von den neuen Institutionen, die sich der werdende Militärstaat schuf, beiseite gedrückt und ihrer Bedeutung beraubt wurden. In der Zentralinstanz sollte es so dem Geheimen Rat, in der Provinzialinstanz den alten ständischen Regierungen der einzelnen Landesteile ergehen. Nur in der Lokalinstanz — von

---

[1] Vgl. die vortreffliche Darstellung von Rachel.

[2] Eb. Schmidt, Entwicklung und Vollzug der Freiheitsstrafe in Brandenburg-Preußen bis zum Ausgang des 18. Jahrhunderts, 1915, S. 9.

[3] Rachel, a. a. O., S. 230/231.

[4] Übrigens nicht ohne Ausnahme. In Cleve-Mark blieb die ständische Organisation auch im 18. Jahrhundert von erheblicher Bedeutung. Vgl. darüber M. Lehmann, Freiherr vom Stein, 3. Aufl., S. 35.

len Städten abgesehen — blieb die alte ständische Patrimonialherrschaft unberührt, ndessen war sie hier dem neuen Staatsgedanken nicht mehr gefährlich.

Im einzelnen gestaltete sich die Entwicklung wie folgt:

Der Fürst schied allmählich aus dem Kreise seiner Ratgeber aus und stellte sich über alle Behörden; die altterritoriale Form der „Regierung im Rate" (HARTUNG 67) wurde (endgültig freilich erst unter Friedrich Wilhelm I.) durch fürstliche Selbstregierung aus dem Kabinett verdrängt. Der Geheime Rat, von Friedrich Wilhelm nach einer Zeit sichtbarer Stagnation neu belebt, wurde auf Grund der Geheimratsordung von 1651 die zentrale Verwaltungsbehörde für alle kurfürstlichen Lande und damit ein bedeutsames Instrument für die gesamtstaatliche Entwicklung; freilich unterlag er mit der Steigerung der Staatsaufgaben auf allen Gebieten einer Entwicklung, die ganz ähnlich derjenigen der alten Ratsstube verlief: Spezialbehörden zentraler Art spalteten sich ab oder entstanden neu neben ihm. Sie erwiesen sich notwendig: 1. für die Domänenverwaltung; 2. für die Finanz- und Heeresverwaltung. Die Amtskammern der einzelnen Landesteile, die die provinzielle Verwaltung des Domänen- und Regalienwesens leiteten, unterstanden zunächst einer besonderen Abteilung des Geheimen Rates, den Staatskammerräten; an ihre Stelle trat sodann innerhalb des Geh. Rates das Amt eines Hofkammerpräsidenten, das aber 1689 in eine kollegialische Hofkammer unter Loslösung vom Geh. Rate verwandelt wurde. Nach inneren Gärungen politischer und wirtschaftlicher Art (Sturz Danckelmanns; Streit um das Erbpachtsystem) erfolgte 1713 die Erneuerung der Domänenzentralverwaltung in einem sog. General-Finanzdirektorium. Neben dieser Behörde erwuchs selbständig, d. h. nicht aus dem Geh. Rat heraus, in dem Generalkriegskommissariat aus den typischen Bedürfnissen des auf dem Heereswesen beruhenden Militär- und Beamtenstaates eine zweite Zentralfinanzbehörde. Ursprünglich mit der Überwachung der Heereskommissare und der Kontrolle der für Heereszwecke erhobenen Kriegssteuern betraut, entwickelte sich das Generalkriegskommissariat im letzten Viertel des 17. Jahrh.[1] zu einer den Gesamtstaat umfassenden zentralen Steuer- und Finanzbehörde. Fortgesetzte Konflikte zwischen General-Finanzdirektorium und General-Kriegskommissariat veranlaßten dann Friedrich Wilhelm I., beide Behörden zu einem General-Ober-Finanz-Kriegs- und Domänendirektorium (Generaldirektorium) zusammenzuschweißen (1723). — Nachdem unter Friedrich Wilhelm I. aus dem Geh. Rate noch ein besonderes „Departement für die auswärtigen Affären" (1728) ausgeschieden war, bildeten nur noch Justizsachen und kirchliche Angelegenheiten Gegenstände seiner ressortmäßigen Beratung. Soweit aber der Kurfürst die Ausübung seiner höchstrichterlichen Gewalt dem Geheimen Rate überließ, entwickelte sich (seit 1658) auch hierfür wenigstens ein besonderer Ausschuß, der sog. Geheime Rat zu den Verhören, der seit Friedrich III. (I.) Geheimer Justizrat genannt wurde. 1729 erfolgte auch dessen völlige Abtrennung vom Geheimen Rat. Aber auch die Justizverwaltung löste sich vom Geheimen Rat los und wurde der dritten großen Zentralbehörde, dem Justizministerium oder Justizdepartement übertragen, einer zu Anfang kollegialischen Behörde, in der indessen Cocceji ein solches Übergewicht erlangte, daß er 1737 zum Chef de justice, 1747 zum Großkanzler ernannt wurde. Neben dem Großkanzler waren noch mehrere Justizminister in der Behörde tätig.

Der Geheime Rat aber hatte damit jede sachliche Zuständigkeit verloren und bestand nur noch als kollegialische Vereinigung der Chefs der höchsten Behörden; er sollte Zuständigkeitsstreitigkeiten schlichten und solche Angelegenheiten beraten, die zur Kompetenz mehrerer Departements gehörten; auch übertrug ihm wohl der König gelegentlich Sonderaufgaben.

Zur genauen Kontrolle der gesamten staatlichen Einnahmen und Ausgaben

[1] Ursprünglich einzelne Oberkriegskommissare bei jeder Armee; seit 1660 nur noch ein Generalkriegskommissar für alle Landesteile.

und einer gewissenhaften Rechnungsführung der einzelnen Behörden richtete Friedrich Wilhelm I., der Begründer des Staatshaushaltwesens, im Jahre 1714 die ihm unmittelbar unterstehende Generalrechenkammer ein. Ihre Befugnisse einer allgemeinen Rechnungsaufsicht wurden 1723 dem Generaldirektorium übertragen, so daß die immediate Stellung der Generalrechenkammer überflüssig wurde. Sie wurde daher als „Ober-Kriegs- und Domänen-Rechenkammer“ dem Generaldirektorium untergeordnet und auf kalkulatorische Arbeiten beschränkt.

In der Provinzialinstanz, d. h. im Geschäftsbereich der ehemals selbständigen Landesteile, mußte die die Entwicklung zum Gesamtstaat charakterisierende Behördenbildung namentlich an die hier überall überkommenen ehemaligen Regierungen dieser Landesteile rühren. In ihnen lebte das ständisch-partikularistische Element am längsten fort, zumal es dem Landesherrn keineswegs möglich war, sie mit beliebigen Beamten zu besetzen, er vielmehr das von den Ständen ängstlich gehütete Indigenat respektieren mußte. Aber die Idee des Gesamtstaates erforderte es, die Regierungen den neu entstandenen Zentralbehörden unterzuordnen, und überdies wurden sie ihrer alten sachlichen Bedeutung allmählich entkleidet. Die Domänen- und Regalienverwaltung ging auf die überall eingerichteten Amtskammern über. Die Intendantur- und damit zusammenhängenden Steuerangelegenheiten wurden von vornherein nicht den alten ständisch gefärbten Regierungen, sondern den rein landesherrlichen Kriegskommissariaten oder Kriegskammern anvertraut. Daher blieben auch die Regierungen am Ende auf Angelegenheiten der Rechtsprechung, daneben freilich auch noch auf gewisse Verwaltungsangelegenheiten beschränkt. — Zwischen den Amtskammern und den Kriegskommissariaten entwickelten sich genau die gleichen Kompetenzstreitigkeiten, wie sie zwischen den ihnen vorgesetzten Zentralbehörden bestanden. Auch hier wurde durch Zusammenlegung und Interessenkonsolidierung dem leidigen Streit ein Ende gemacht: Amts- und Kriegskammern wurden zu sog. Kriegs- und Domänenkammern verschmolzen (1723), die dann als Repräsentanten des neuen Militärstaats die maßgeblichen Verwaltungsbehörden der Provinzialinstanz wurden.

Was schließlich die Lokalverwaltung betrifft, so wurde diese auf dem platten Lande — abgesehen vom Domänenbesitz — auch in der Zeit des werdenden und vollendeten Absolutismus nicht aus den Händen der patrimonialen Gewalten befreit. Das gehörte mit zu den sozialen Vorrechten, die der Militär- und Beamtenstaat dem Adel weiterhin beließ. Freilich ohne staatliche Aufsicht wurde auch die ländliche Lokalverwaltung nicht gelassen; aber so rigorose Formen, wie den Städten gegenüber, nahm sie nicht an; vielmehr war der staatliche „Landrat“ (dieser Titel seit 1701, früher „Kreisdirektor“) zugleich Vertrauensmann der seinem Verwaltungsbezirk (Kreis) angehörigen adligen Herren. Denn das Amt des Landrates hatte sich daraus entwickelt, daß dem ursprünglich rein ständischen Kreisdirektor, der in den Kreisen die ständischen Selbstverwaltungsangelegenheiten zu erledigen und die Vertretung der Stände in Steuer- und Einquartierungssachen zu besorgen hatte, die Wahrnehmung auch der staatlichen Interessen übertragen worden war. Die Wiege dieses charakteristischen Landratsamts war die Kurmark (16., 17. Jhdt.); im Laufe des 18. Jahrhunderts erfolgte seine Einführung auch in den übrigen Landesteilen, abgesehen von Geldern und Ostfriesland.

Der bäuerliche Hintersasse sah hiernach in erster Linie im Rittergutsbesitzer, dem er zu Hand- und Spanndienst verpflichtet war, den Hauptrepräsentanten der Obrigkeit; denn der „Herr“ auf dem Rittergut war der Inhaber der Gerichtsbarkeit, der zunächst zuständige Träger der Verwaltung und überdies häufig noch der Patron der Kirche. Das Gefühl der Zugehörigkeit zum Staate konnte somit im Bauern schwerlich aufkommen. Erst als der Staat der bäuerlichen Bevölkerung neue Lasten und Pflichten in Gestalt der militärischen Dienstpflicht (unten § 16) aufzubürden begann und sich hierbei aufs rücksichtsloseste über die Interessen des Gutsherren hinwegsetzte, indem er oft die tüchtigsten Arbeitskräfte von den Gütern zur Fahne rief, trat er in der Person des Königs selbst, dessen Rock der Soldat trug, auch für den Bauern sinnfällig in die Erscheinung. Erst jetzt konnte ein gewisses Gefühl der Verbundenheit mit einem über die Interessen des Gutsherrn hinausgehenden Gemeinwesen in der ländlichen Bevölkerung aufzudämmern beginnen.

Zwischen Stadt und Land wurde die an sich seit jeher vorhandene Kluft durch die merkantilistische Wirtschaftspolitik des Staates, insbesondere durch die Einführung der Akzise, noch weitgehend vertieft. Die Städte wurden um der Akzise willen (unten § 16) vollends vom Lande abgeschlossen. Auch in der Verwaltungsform prägte sich dies aus. Denn der mit der Handhabung der Akzise betraute staatliche commissarius loci („Steuerrat") wurde der eigentliche Herr der Stadt, soweit der Garnisonschef nicht noch maßgebender und einflußreicher war. Den städtischen Magistraten wurde nur ein kümmerlicher Schein von Selbstverwaltung gelassen.

§ 16. Die Finanzen und das Heereswesen. Wie schon angedeutet, hatte die Entwicklung des Heereswesens zur Entstehung neuer und in ihrem nichtständischen Wesen neuartiger Behörden geführt, die ein bedeutsamer Faktor für die Ausbildung des Gesamtstaates waren. Eine vielleicht noch wichtigere Rolle spielte in letzterer Hinsicht aber das Heer und seine Verfassung selbst. Hier erfolgte ohne engere Anknüpfung an altüberkommene Institutionen, vielmehr unter bewußter Beiseitedrängung des alten ständischen unfähigen Milizsystems ein vollkommener Neubau.

Im 16. Jahrhundert, dem Zeitalter eines ausgesprochenen ständisch-partiarchalischen Quietismus, war für die brandenburgische Wehrmacht, von der Anlegung einiger Festungen abgesehen, nichts getan worden; im Gegenteil, die Lehnsaufgebote wurden zahlenmäßig immer schwächer, militärisch immer leistungsunfähiger. Der Dreißigjährige Krieg aber lehrte, was not war. Auch Brandenburg ging zum angeworbenen Söldnerheer über, das dem Landesherrn, im Hinblick auf die dazu nötigen ständischen Geldbewilligungen aber zugleich auch den Ständen eidlich verpflichtet wurde. Jene „Revolution von oben", von der bereits gesprochen worden ist und die zur Verdrängung der Stände von der politischen Bühne führte, verfolgte nicht zum wenigsten das Ziel, auch bezüglich des Heeres jeden ständischen Einfluß zu beseitigen, es lediglich zu einem Instrument in der Hand des Landesherrn zu machen. Das gelang. Die Gelder für ein stehendes Heer mußten von den Ständen 1662 als dauernde Kriegsabgabe bewilligt werden; sie wurden durch die sog. Kontribution, eine direkte Steuer, bei den ständischen Hintersassen auf dem platten Lande und im übrigen von den Städten aufgebracht, wobei das Quotisationsverhältnis zwischen Stadt und Land ständig einen Stein des Anstoßes bildete. Die Unzuträglichkeiten, die mit der Kontribution in steuertechnischer und wirtschaftlicher Hinsicht verbunden waren, führten seit den 60er Jahren des 17. Jahrhunderts zu Versuchen, in den Städten an Stelle der Kontribution nach holländischem Muster und überdies ganz im Sinne der merkantilistischen Wirtschaftspolitik (oben § 13) die sog. Akzise einzuführen. Diese war „eine Kombination von Klassensteuer und indirekten Konsumabgaben" (SCHMOLLER), welch letztere in einfacher Weise am Stadttor bei der Einfuhr der in Betracht kommenden Ware durch den Torschreiber erhoben wurden. Das Bedeutsame war nun, daß seit 1680 die Akzise, deren Verwaltung zunächst in den Händen der Stadtmagistrate gelegen hatte, allmählich ganz und gar zu einer rein landesherrlichen Steuer wurde und von rein landesherrlichen Behörden, dem für den Militärstaat so charakteristischen Steuerrat oder commissarius loci und den sonstigen Kommissariatsbehörden verwaltet wurde. Das hatte nicht nur eine Verselbständigung der landesherrlichen Finanzen, sondern auch eine Ablösung des letzten ständischen Einflusses auf das Heer zur Folge. Der Landesherr konnte, da die Kosten für das Heer allmählich aus den Domäneneinkünften und den Steuern gänzlich bestritten werden konnten, die Organisation und die Stärke des Heeres nach eigenem Gutdünken bestimmen. Zugleich aber veränderte sich das Verhältnis von Landesherr und Regiment. Früher wurde dieses vom Obristen für den Landesherrn geworben; der Obrist ernannte die Offiziere und übte den maßgebenden Einfluß aus; die landesherrlichen Interessen wurden nur von den Kommissaren vertreten. Jetzt stellte der Landesherr selbst die Regimenter auf und ernannte die Kommandeure und die anderen Offiziere. Das Heer geriet damit ebenso unter den ausschließlichen Einfluß des Landesherrn wie die zur Heeresverwaltung geschaffenen Kommissariatsbehörden. Vor allem aber: das Heer war in allen Landesteilen gleichermaßen dem ständischen Einfluß und Partikularismus entzogen und bildete mit der neuen landesherrlichen Finanzverwaltung ein sehr wichtiges Band zwischen den auseinanderstrebenden Landesteilen und somit zunächst den wesentlichsten Faktor für die Entstehung des Gesamt- und des Einheitsstaates. Den bedeutsamsten Fortschritt auf dem Gebiete des Heereswesens und zugleich im Zuge jener allgemeinen Entwicklungstendenz bildete unter Friedrich Wilhelm I. die Herausbildung des Kantonsystems zum Zwecke systematischer Ausnutzung der Wehrfähigkeit des Landes. In Kriegszeiten hatte allerdings schon unter Friedrich I. eine Heerespflicht der Bevölkerung gewohnheitsrechtlich Anerkennung gefunden. Aber mehr als eine militärisch reichlich untüchtige Volksmiliz konnte mit diesem System nicht zustande gebracht werden. Zur Heranbildung einer schlagkräftigen preußischen Armee war es notwendig, die Heeresergänzung „auf breiter nationaler Grundlage" (Jany) zu errichten und schon im Frieden durchzuführen. Der Mannschaftsersatz wurde zunächst lange Zeit hindurch durch Werbungen im In- und Auslande beschafft, die von den Kapitänen selbst betrieben wurden und oft äußerst brutal verliefen. Das Erscheinen der Werber hatte mitunter eine wahre Massenflucht aus Dorf und Stadt und regelmäßig große Erbitterung über ihr unerhörtes Auftreten zur Folge. Die seit 1713 hinsichtlich der Werbungen erlassenen Verordnungen suchten zur Beruhigung der Bevölkerung zwar die abscheulichsten und schädlichsten Auswüchse des Werbewesens zu bekämpfen; aber die Abstellung dieses Systems selbst bezweckten sie nicht, und die Werber wußten, daß die „Wegnahme" eines „langen Kerls" vom Könige letzten Endes nie ungern gesehen wurde. Selbst der König scheint im Einzelfall die gewaltsame Werbung gestattet zu haben, „wann ein Kapitän einen recht hübschen großen Flügelmann weiß, welchen er nicht mit guter Manier bekommen kann" (Reglement von 1718; vgl. Jany, S. 235). Erst die Einführung des „Enrollierungs"-Systems (seit 1720) brachte allmählich Ordnung und Beruhigung. Die heranwachsende männliche Jugend wurde in Register eingetragen und war damit für den Militärdienst vorgesehen. Hatte der enrollierte junge Bursche das Abendmahl genommen, so wurde er auf die Fahne des Regiments vereidigt, erhielt dann den „Laufpaß" und gehörte nunmehr zum Regiment, das ihn zu gegebener Zeit zur Ausbildung einzog. Damit sich die Regimenter die jungen Burschen nicht gegenseitig zur Enrollierung wegfingen — auch hieraus hatten sich die schlimmsten Bedrückungen ergeben, — wurden 1733 allen Truppenteilen feste Enrollierungskantons zugeteilt. Die hierüber ergehenden Ordres wurden schon damals unter der Bezeichnung „Reglement" zusammengefaßt, so daß man sehr wohl von einem „Kantonreglement" sprechen darf[1]. Mit diesem Kantonreglement war in Preußen der erste Schritt zur allgemeinen Wehrpflicht getan. In den Aushebungsbezirken (Kantonen) war nämlich an sich jeder Diensttaugliche auch wehrpflichtig; freilich wurden die oberen Bevölkerungsschichten durch so weitgehende Exemtionen von der Kantonpflicht befreit, daß tatsächlich nur der Bauer und der städtische Minderbemittelte zum Dienst im Heere herangezogen wurde. Aus dem Adel bildete sich das Offizierskorps, in dem sich die typisch preußische Heerestradition entwickelte. Nicht ohne Druck und Zwang hatte Friedrich Wilhelm I. den Adel zum Eintritt

[1] Vgl. Posner, Forsch. Bd. 37, S. 342 (gegen die 1. Aufl. dieses Buches), und dazu Jany, Forsch. Bd. 38, S. 250, insbes. Note 1. Vgl. aber auch Hintze, Hohenzollern, S. 285.

in das Offizierskorps zu bestimmen vermocht. Aber gerade mit dieser Maßnahme hatte der König vollen Erfolg. Sie führte einmal dazu, daß der Adel mit staatlichem Interesse erfüllt wurde und daß sich gerade im Offizierskorps, dessen vornehmstes Mitglied zu sein der König selbst durch ständiges Tragen der Uniform betonte, sich die Versöhnung zwischen Adel und Dynastie, und damit zwischen Adel und Staat vollzog. Und ferner bedeutete die Erziehung der jungen Adelssöhne im „Kadettenkorps" zu Berlin, sowie die Freihaltung fast sämtlicher Offiziersstellen für den Adel eine erhebliche wirtschaftliche Entlastung der oft sehr kinderreichen adligen Familien, die ihre auf den Gütern überflüssigen Söhne in der Armee standesgemäß versorgt sahen. Auf dem von einem einheitlichen Standesbewußtsein und einem empfindlichen Ehrgefühl getragenem Offizierskorps beruhte die in den schlesischen Kriegen späterhin so glänzend bewährte Schlagkraft der Armee. Die auf dem Lehnsrecht beruhende Heeresfolgepflicht des Adels war mit dieser Entwicklung völlig obsolet geworden, mit ihr war aber auch jeder Grund für die Steuerfreiheit des Adels tatsächlich entfallen. Friedrich Wilhelm I. zog den Adel nun zwar nicht zur Kontribution heran (diese lastete weiter auf dem Bauern), aber im Lehnsallodifikationsedikt von 1717 hob er den Lehnsverband auf, machte damit den adligen Grundbesitz zu einem nicht nur, wie bisher, f a k t i s c h, sondern auch r e c h t l i c h freien, verlangte aber dafür eine für jedes Lehnpferd zu zahlende Jahresabgabe von (nur!) 40 Talern. Immerhin trug auch diese Steuer zur Stärkung der staatlichen Finanzen bei.

§ 17. Die Gerichtsverfassung. Das auf dem Gebiete der Verwaltung sich deutlich kundtuende Hinstreben zum Einheitsstaat läßt sich auf dem Gebiete der Gerichtsverfassung nicht in gleichem Maße beobachten. Die inneren Hemmungen waren auf diesem, vom politischen Machtgedanken wenig berührten Gebiete größer; da, wo der Machtgedanke in das Justizwesen am tiefsten eingreift, auf dem Gebiete des Strafprozesses, half die oberstrichterliche Stellung des Kurfürsten (Königs), der jeden Strafprozeß vor sein Forum ziehen, selbst oder durch Kommissare entscheiden lassen und das Urteil in beliebiger Weise ändern konnte. So bestand für den Absolutismus hinreichende Möglichkeit, in Strafsachen das staatliche Interesse einheitlich zu wahren; Änderungen der überkommenen Gerichtsverfassung waren gar nicht erforderlich. In Zivilsachen aber war das Interesse an staatlichem Eingreifen ohnehin gering. Wo der Staat selber beteiligt war, kam in der Regel die weitreichende Rechtsprechung der neu entstandenen Verwaltungsbehörden in Betracht, die den staatlichen Interessen gewiß keinen Abbruch taten (s. unten).

Einer Vereinheitlichung der Gerichtsverfassung stand bis ins 18. Jahrhundert auch die Verschiedenartigkeit des Verhältnisses entgegen, in dem die einzelnen Landesteile zur Gerichtsbarkeit des Reiches standen. Seit der Goldenen Bulle (oben § 3) gab es aus der Kurmark keinen Rechtszug mehr an das Reich. Am 24. Juli 1586 ist dieses dem Kurfürsten zustehende Appellationsprivileg „auf frembde Personen, die bei und vor ihme rechten", ausgedehnt worden. Aber nicht nur aus den Kurlanden als solchen, sondern auch aus den nicht zur Kur gehörigen Landesteilen hörten die Appellationen an das Reich seit dieser Zeit tatsächlich auf (PERELS S. 32), so daß schon damals nach PERELS' richtiger Beobachtung „die jurisdiktionelle Geschlossenheit der brandenburgischen Lande gegenüber dem Reiche gesichert" war. Der Geh. Justizrat entschied daher hier in oberster Instanz über den als Mittelinstanzen fungierenden Kammergerichten der Kur- und der Neumark. Die Hof- und Landesgerichte starben ab. In der Lokalinstanz blieb alles beim alten. In P r e u ß e n konnte es, da es niemals zum Reiche gehörte, einen Rechtszug an die Reichsgerichte nicht geben. Die oberste Gerichtsbarkeit ruhte hier zunächst beim Hofgericht; 1657 erfolgte die Errichtung eines Oberappellationsgerichts in Königsberg, das in Zivilsachen als letztentscheidende Instanz die sog. „Juridiken" ersetzte, eine aus polnischer Zeit stammende höchstrichterliche Kommission. In Strafsachen fungierte ein Hofhalsgericht, von dem, solange der Anklageprozeß herrschte, an das Hofgericht appelliert werden konnte. Die dritte Instanz in Strafsachen war der Kurfürst selbst. Für die übrigen Landesteile wurde im Hinblick auf das 1702 erlangte priv. de non appell. limitatum (bis zu 2500 Goldgulden) ein über den einzelnen Regierungen als Berufungsinstanz stehendes Oberappellationsgericht in Berlin gegründet (1703); nur die Grafschaft Ravensberg erhielt zunächst ein besonderes Ob.-App.-Gericht, und für die zur oranischen Erbschaft gehörenden Lande erfolgte 1709 die Begründung des Orange-Tribunals. Doch sollte auch diese Dezentralisierung dem Vereinheitlichungsprozeß, der durch alle Zweige der Staatsorganisation hindurchging, demnächst zum Opfer fallen (s. unten).

Eine scharfe Scheidung zwischen Justiz und Verwaltung ist für diese Epoche des entstehenden polizeistaatlichen Absolutismus nicht durchzuführen. Die Regierungen hatten gewisse Verwaltungsangelegenheiten behalten aus der Zeit, da sie — entsprechend dem Rate — oberste Verwaltungs- u. Rechtsprechungsbehörden gewesen waren. Die neu entstandenen Verwaltungsbehörden aber (die Kammern und Kommissariate), deren Tätigkeit sich auf Grund des vielgestaltigen, teilweise geheimen, jedenfalls den alten Rechtsprechungsbehörden kaum in seiner ganzen Fülle und Tragweite bekannten neuen monarchischen Verordnungsrechts abspielte und die zugleich Hüter der landesherrlichen Hoheitsrechte waren, rissen weite Zweige der Rechtsprechung an sich, namentlich soweit sie Militär-, Finanz- oder Polizeisachen betrafen. So gab es reine Verwaltungsbehörden so wenig wie reine Gerichtsbehörden. Fortgesetzte Kompetenzkonflikte, fortgesetzte Versuche, reinliche Scheidungen herbeizuführen (1713, 1715), ließen in den ersten Anfängen erkennen, daß man gefühlsmäßig auf eine Art Trennung von Justiz und Verwaltung hinstrebte. Aber bewußt erfaßt konnte diese den Rechtsstaat charakterisierende Idee in der Epoche des sich entwickelnden oder blühenden Polizeistaates nicht werden. Für die geschichtliche Mission des Absolutismus in Preußen wäre eine solche Trennung gar nicht einmal zuträglich gewesen. „Machtsprüche" aus dem Kabinett waren in dieser Epoche weder etwas Seltenes noch etwas Ungewöhnliches. Ihre Berechtigung ergab sich aus der damaligen Auffassung der landesherrlichen Souveränität. Friedrich Wilhelm I. hat noch häufig auch in Zivilprozesse mit Machtsprüchen eingegriffen, ja, Friedrich Wilhelm I. neigte durchaus dazu, allen Tendenzen der Gerichte nach einer Art Unabhängigkeit ihrer Rechtsprechung entgegenzutreten, indem gerade unter seiner Regierung der Generalfiskal (unten § 18) ein weitgehendes Aufsichtsrecht über die Rechtsprechungstätigkeit der Gerichte erlangte.

§ 18. Das Fiskalat. Die Betrachtungen über die innere Verfassung und Verwaltung des brandenburg-preußischen Staates können nicht abgeschlossen werden, ohne einer für den Polizeistaat besonders charakteristischen Behörde zu gedenken, des Fiskalats. Seine noch nicht völlig geklärte Entstehung geht ins 15. Jahrhundert zurück. Ursprünglich nur der Vertreter reiner Finanzinteressen des Landes- (obersten Lehns-) Herrn bei den Gerichten, wurde das Fiskalat im Laufe des 16. Jahrhunderts in weiterem Maße dazu herangezogen, auf den Schutz aller regalischen Hoheitsrechte zu achten. Damit aber wurde es zugleich in den Dienst der öffentlichen Ordnung gestellt, was sich namentlich auch darin äußerte, daß es in dem allmählich mehr und mehr aufkommenden Inquisitionsprozeß als inquirierendes Hilfsorgan des Kurfürsten (als höchsten Strafrichters) oder der kurfürstlichen Räte herangezogen wurde. Je mehr die Erhaltung der öffentlichen Sicherheit und Ordnung vom Staate gefördert, je intensiver mit der Ausgestaltung des spezifisch preußischen Merkantilismus die wirtschaftliche Bevormundung des Einzelnen durchgeführt, je größer infolgedessen die staatlichen Ansprüche an die Gehorsamspflicht der Untertanen und die Respektierung landesherrlicher Rechte und Befehle wurden, desto ausgedehnter wurde die, sachlich schwer zu umgrenzende, Tätigkeit des Fiskalats, das sich in einer, der einheitlichen Spitze zunächst entbehrenden, Organisation über den ganzen Staat erstreckte. Die Zentralisierungsbestrebungen des Gesamtstaates führten 1704 zur Einführung eines Generalfiskals in Berlin, dem das gesamte Fiskalat unterstehen sollte. In der Regierungszeit Friedrich Wilhelms I. gelangte der Generalfiskal vorübergehend zu großer Bedeutung, da er als „Auge und Ohr des Königs“ ein allgemeines Behördenaufsichtsrecht ausübte (vgl. oben § 17) und zur Steigerung der Beamtendisziplin wesentlich beitrug. Schwere Organisationsfehler, der Widerstand der anderen Behörden, die Berufung unfähiger Männer zum Amte des Generalfiskals aber bahnen den Nidergang der ursprünglich wichtigen Behörde an, der sich dann in friderizianischer Zeit vollziehen sollte. 1809 erfolgte die Aufhebung der überflüssig gewordenen Behörde.

§ 19. Materielles Recht und Prozeßrecht. Die Schaffung der Rechtseinheit blieb auch in der Epoche der Entwicklung zum Gesamtstaat ein unerfülltes Verlangen, obwohl es, namentlich unter dem temperamentvollen Soldatenkönig, an energischen Anläufen dazu nicht gefehlt hat. Kurz nach seinem Regierungsantritt mutete Friedrich Wilhelm I. dem Justizminister Bartholdi und dem Kammergerichtspräsidenten Sturm zu, binnen eines Jahres die gigantische Leistung eines Landrechts fertig zu bringen; aber weder dieser Auftrag, noch ein Befehl an die Juristenfakultät in Halle (18. Juni 1714), noch eine spätere Wiederholung des Auftrages an Cocceji hatten den erwünschten Erfolg, daß ein umfassendes Landrecht ausgearbeitet wurde. Es galt ja nicht nur den Dualismus zwischen fremdem und einheimischem Recht zur Lösung zu bringen; es war vielmehr auch nötig, die große Fülle einzelner landesherrlicher Edikte und Verordnungen zu sichten und mit einander abzustimmen. Lediglich im Herzogtum Preußen gelang schon im 17. Jahrhundert die Schaffung eines Landrechts, das eine Kodifikation des gesamten in Preußen geltenden Rechtes darstellte. 1620 wurde das von L. Buchius verfaßte Jus provinciale Ducatus Prussiae publiziert; 1685 erfolgte die erste, 1721 die zweite Revision. In anderen Landesteilen glückte dagegen die Schaffung solcher Gesetzgebungswerke nicht. Es war schon ein großes Verdienst, daß wenigstens in privaten Sammlungen des vorhandenen Gesetzgebungsmaterials ein genauerer Überblick über das tatsächlich geltende, ungeheuer zersplitterte Recht gegeben wurde: so in Mylius’ Corpus constitutionum Marchicarum und Corpus constitutionum Magdeburgicarum und in Grubes Corpus constitutionum Prutenicarum. Staatlicherseits kam es lediglich zur Regelung einzelner Materien: 1701 erging ein „Wechselrecht der Chur- und Mark Brandenburg“; 1718 eine Vormundschaftsordnung für die Kur- und Neumark; 1722 die für das ganze Land geltende Hypotheken- und Konkursordnung, durch welche die Einrichtung der Grund- und Hypothekenbücher für die gesamte Monarchie angeordnet wurde. Sehr bezeichnend war für die merkantilistischen Bestrebungen des Staates die Gewerbegesetzgebung von 1732 bis 1735; durch sie wurde, nachdem auf Betreiben Preußens im Jahre 1731 ein Reichsschluß wegen der Handwerksmißbräuche ergangen war, die wirtschaftliche Sonderstellung der Zünfte beseitigt und das Zunftwesen selbst in den staatlich-merkantilistischen Wirtschaftsprozeß eingespannt[1]. Im Strafrecht suchte der Staat einzelne Delikte durch eine wenig zielsichere Verschärfung der in der Carolina vorgesehenen Strafen wirksamer zu bekämpfen, ein Bemühen, das von vornherein zum Scheitern bestimmt war und das Strafrecht nur noch mehr in Anachronismen erstarren ließ. Die Anlegung von Zuchthäusern (oben § 13) machte daneben zwar Fortschritte; aber man suchte mit ihnen ohne Rücksicht auf die Insassen merkantilistische Wirtschaftspolitik zu treiben, und von dem Geist der vorbildlichen holländischen Strafanstalten war in ihnen kein Hauch zu spüren.

Das Zivilprozeßrecht wurde, je mehr der Staat sich der Rechtspflege annahm, desto mehr Gegenstand staatlicher Aufmerksamkeit. Klagen über Prozeßver-

[1] Vgl. Rachel, Forsch. Bd. 40, S. 233; ferner Kollmann, Die Entstehungsgeschichte der deutschen Koalitionsgesetzgebung, 1916, S. 15 bis 25.

schleppung drangen häufig an das Ohr des Landesherrn. Im Zivilprozeß war die Schriftlichkeit des gemeinen Prozesses einer der wesentlichsten Gründe. Zu einer Neugestaltung des Zivilprozeßrechts aber war die Zeit noch nicht reif; in einzelnen Gerichtsordnungen wurde der Zivilprozeß mit geregelt, gleichsam im Wege der Dienstinstruktion für das Richterpersonal des betreffenden Kollegiums. Diese Gerichtsordnungen (insbes. die Kammerger.-O. v. 1709) sind vielfach zugleich ein interessantes Zeugnis für die Art und Weise, wie sich gerade in der Zivilrechtspflege der ständische Privilegiengeist zu konservieren wußte.

Auf dem Gebiete der Strafrechtspflege aber griff der werdende Polizeistaat immer energischer durch. Das private Anklageverfahren war mit der neuen Staatsauffassung nicht mehr vereinbar. So sehr die Stände es auch zu erhalten suchten, das dem Polizeistaat allein zusagende Inquisitionsverfahren verdrängte in allen Landesteilen den Akkusationsprozeß. Die preußischen Landrechte von 1620, 1685, 1721 spiegeln diesen Entwicklungsprozeß deutlich wieder. Friedrich Wilhelm I. verhalf dem Inquisitionsprozeß zum endgültigen Siege durch den Erlaß der Kriminalordnung vom 1. 3. 1717; sie galt zunächst nur für die Mark, wurde aber alsbald auch auf sämtliche anderen Landesteile ausgedehnt. So gelangten die preußischen Lande bezeichnenderweise zuerst in strafprozessualer Hinsicht zur Rechtseinheit.

Drittes Kapitel.

Der friderizianische Staat.

Literatur: Oeuvres de Frédéric le Grand, 34 Bände, 1846—1857 (Ausgabe von Preuss). — — Koser, Friedrich der Große als Kronprinz, 1886. — Koser, Geschichte Friedrichs des Großen, 4 Bände, 1912/14 (auch Volksausgabe in einem Bande 1913). — Zeller, Friedrich der Große als Philosoph. — Tümpel, Förstemann, Perels, Eb. Schmidt (Lit. vor § 13). — Hintze, Preußens Entwicklung zum Rechtsstaat (Forsch. z. br.-pr. Gesch., Bd. 22). — Neufeld, Die Friderizianische Justizreform, Göttinger Diss. 1910. — Springer, Die Coccejische Justizreform, 1914. — Stölzel, K. G. Svarez, 1885. — Willenbücher, Die strafrechtsphilosophischen Anschauungen Friedrichs des Großen, 1904. — Eb. Schmidt, Die Kriminalpolitik Preußens unter Friedrich Wilhelm I. und Friedrich II., 1914. — Ziekursch, Beiträge zur Charakteristik der preuß. Verwaltungsbeamten in Schlesien, 1907. — Ziekursch, Zur Charakteristik der schlesischen Steuerräte (Zeitschr. des Vereins für Geschichte Schlesiens, Bd. 43, S. 131ff.), 1909. — Ziekursch, Hundert Jahre schlesischer Agrargeschichte, 2. Aufl., 1927. — Kutzner, Das Landratsamt in Schlesien 1740—1806, Breslauer Diss., 1911. — Dickel, Friedrich d. Gr. und die Prozesse des Müllers Arnold, 1891.

§ 20. Absolutismus. Staatsauffassung Friedrichs d. Gr. Als Friedrich der Große den Thron bestieg, war die Entwicklung Preußens, über den Gesamtstaat hinaus ein auf allen Gebieten der Verfassung und Verwaltung fest begründeter Einheitsstaat zu werden, bereits weit gediehen. Der große König hat dieses von seinem Vater glänzend begonnene Werk im wesentlichen vollendet; er konnte zugleich den Staat durch die gewaltige Feuerprobe der schlesischen Kriege siegreich hindurchführen. — Die Oberhoheit des Reichs verblaßte immer mehr zu einem unbeachtlichen Schemen, so daß der König von Preußen den Grundsatz der Souveränität nicht nur für die „reichsfreien“, sondern auch für die im Reichsverbande formell noch verbliebenen Gebietsteile („Provinzen“!) vertreten konnte. Der völligen Unabhängigkeit nach außen gesellte sich der innerstaatliche Absolutismus, der seine höchste Blüte erreichte. Und doch war in der Staatsauffassung Friedrichs des Großen der Keim zu konstitutionellen Entwicklungen durchaus enthalten. Der letzte blasse Schimmer privatrechtlich-patriarchalischer Staatsauffassung, mit der in praxi schon so gut wie ganz gebrochen war, verschwand; der König, selber ein tiefer Denker in staatsphilosophischen Dingen, sah seine Stellung zum Staate nicht mehr unter dem Gesichtswinkel jener alten Objekttheorie, sondern erkannte, fußend auf der naturrechtlichen Lehre vom Staatsvertrag, in seiner fürstlichen Stellung ein organschaftliches Verhältnis zum Staat. Er war der erste Diener eines auch ihm übergeordneten Wesens; er stand wie jeder Beamte, jeder Offizier, jeder Untertan im Staate, nicht außerhalb des Staates als dessen Beherrschungssubjekt[1]. So lag die Frage, warum der Staat im Könige das einzige Organ zur Ausübung aller Funktionen der Staatsgewalt habe, warum nicht weitere Organe mit der gleichen Stellung zum Staate neben ihn treten sollten, gewissermaßen in der Luft. Aber die Zeit, sie bewußt aufzuwerfen, war noch nicht gekommen. Der Absolutismus hatte seine geschichtliche Sendung noch nicht erfüllt.

§ 21. Die Verwaltung. Im Kabinett des Königs liefen alle Fäden der Staatsverwaltung zusammen. „Dans un Etat comme celui-ci il faut de nécessité que le prince fasse ses affaires par lui-même" (Polit. Testament von 1752). So gewann die Regierung aus dem Kabinett, von Friedrich Wilhelm I. durchgeführt, eine noch erhöhte Bedeutung. In außenpolitischen Angelegenheiten, soweit es sich nicht um die für weniger wichtig gehaltenen „affaires de l'Empire" handelte, erschien dem König das eigene, selbständige Handeln schon um der Wahrung des Geheimnisses willen als unbedingt erforderlich: „je renferme mon secret en moi-même; je n'ai qu'un secrétaire (de la fidélité je suis assuré) dont je me sers: à moins donc de ne me corrompre moi-même, il est impossible que l'on devine mes desseins." In der inneren Verwaltung des Staates gab der König ebenfalls die Entscheidung nicht aus der Hand. Dies um so weniger, als Friedrich sich oft genug von seinen Ministern nicht verstanden wußte, so namentlich in der immer schärferen Durchführung des merkantilistischen Protektionismus, bei der Einführung der Regie, bei der großen Wiederaufbauarbeit nach dem 7jährigen Kriege[2]. Jedem kollegialischen „Deliberieren" ohnehin von Herzen abgeneigt, drängte Friedrich die zuständige Zentralinstanz oft genug beiseite, um unmittelbar mit Provinzialinstanzen, namentlich mit einzelnen, von ihm für tüchtig gehaltenen Kammerpräsidenten Fühlung zu nehmen. Häufige persönliche Inspektionsreisen gewährten ihm anregende Einblicke in die Einzelheiten örtlicher Verhältnisse, vermehrten seine Sachkunde und bestärkten ihn im Festhalten am Systeme der Selbstregierung. Neuerworbene Provinzen (Schlesien und Westpreußen) unterstellte er nicht dem Generaldirektorium, sondern besonderen Provinzialministern, die nur ihm persönlich verantwortlich waren. Auch sonst liebte es der König, bestimmte Aufgaben durch besondere, von ihm persönlich ernannte Kommissionen[3] an Stelle der zuständigen Kollegialbehörden erledigen zu lassen. Für die Behörden und für die einzelnen Beamten ergaben sich daraus oft große Schwierigkeiten; manche Ungerechtigkeit mußte der Einzelne über sich ergehen lassen. Und vor allem: Eine stetige Fortentwicklung der Behördenorganisation ist mit dieser autokratischen Regierungsweise naturgemäß nicht vereinbar gewesen. Die Einheitlichkeit der Staatsverwaltung beruhte nicht mehr auf einer straffen Zentralisierung des Behördenapparates, sondern ausschließlich in der Person des Königs, der die alle Zentralbehörden verbindende Instanz war. Dies war um so wichtiger, als in den Zentralbehörden eine, reibungslosem Zusammenarbeiten wenig förderliche Zersplitterung einriß. Sie war unter der bis in die geringsten Details

---

[1] Im politischen Testament von 1752 schrieb Friedrich: „Un souverain n'est pas élevé à ce haut rang, on ne lui a pas confié le pouvoir suprême, pour qu'il vive dans la mollesse, pour qu'il s'engraisse de la substance du peuple et qu'il soit heureux, pendant que tout le monde souffre. Le souverain est le premier serviteur de l'Etat; il est bien payé pour qu'il soutienne la dignité de son caractère; mais on demande de lui qu'il travaille efficacement pour le bien de l'Etat et qu'il gouverne au moins avec attention les principales affaires."

[2] Vgl. Rachel, Forsch. Bd. 40, S. 261/2.

[3] Dabei verwendete er, auch wenn es sich um Angelegenheiten der Zivilverwaltung oder der Rechtsprechung handelte, gegebenenfalls auch Offiziere: „Das Federzeug" (gemeint die Zivilbeamten) „verstehet nichts. Wenn Soldaten was untersuchen und dazu Ordre kriegen, so gehen sie den geraden Weg und auf den Grund der Sache, und da wissen sie" (d. h. wieder die Zivilbeamten) „denn immer ein Haufen daran auszusetzen." (Ordre vom 27. Dezember 1779 an v. Zedlitz).

sachkundigen persönlichen Leitung Friedrichs II. mit seiner ungeheuren Arbeitskraft und seinem unendlichen Tatwillen wenig schädlich; aber der Fortfall dieser gewaltigen Persönlichkeit mußte alle Unstimmigkeiten dann zu um so nachteiligerer Wirkung für den Staat gelangen lassen.

Das Generaldirektorium blieb unter Friedrich II. die eigentliche Verwaltungszentralinstanz, da der geheime Rat sich, wie wir sahen, in Spezialressorts aufgelöst und gegenüber der autokratischen Persönlichkeit des Königs auch seine Bedeutung als Verbindungsorgan der verschiedenen Ressortchefs im wesentlichen eingebüßt hatte. Aber auch das Generaldirektorium machte erhebliche Wandlungen durch, die durch die Regierungstendenzen und die Regierungsart des Königs bedingt waren. Der Einheitsstaat verlangte Realdepartements (Abteilungen mit sachl. Zuständigkeit für die ganze Monarchie) an Stelle der alten Provinzialdepartements. Die letzteren wurden nun freilich nicht beseitigt. Aber immer neue Sachdepartements mit besonderen Aufgaben wurden eingerichtet. Auch zur Bildung neuer Immediatbehörden mit sachlicher Zuständigkeit für den Gesamtstaat schritt der König, namentlich nach dem 7jährigen Kriege, als das Gen.-Direktorium sich seinen Wiederaufbauplänen nicht rückhaltlos anschloß. Zu einer einheitlichen Durchführung des Realsystems an Stelle des Provinzialsystems führten diese Maßnahmen in friderizianischer Zeit freilich nicht mehr. Beide Systeme standen nebeneinander zum Schaden eines sicheren Ineinandergreifens aller Räder der Staatsmaschine. Und doch war die Tendenz zum Realsystem deutlich ausgedrückt. Daß sie nach Friedrichs Tode nicht verwirklicht wurde, lag an der Unfähigkeit seiner Nachfolger.

In der Provinzialinstanz machte sich die Bestrebung nach Sonderbehörden neben den Kriegs- und Dom.-Kammern nicht in dem Maße geltend, wie das in der Zentralinstanz neben dem Generaldirektorium der Fall war. Die Kammern blieben die durchaus maßgeblichen Verwaltungsbehörden, die den alten Regierungen, namentlich in neuen Provinzen (Schlesien) immer mehr den Rang streitig machten. Spezialbehörden waren außer den Konsistorien nur die Akzisedirektionen (seit 1766) und einige Oberbergämter.

Die Kreisverfassung mit ihrer gemischt ständisch-staatlichen Organisation wurde in fast allen Landesteilen, von einigen kleineren Gebieten des Westens abgesehen, durchgeführt. Friedrich II. überließ die Präsentation des Landrates durchaus den Ritterschaften der Kreise, aber an dem staatlichen Charakter dieses Beamten, an seiner unbedingten Verantwortlichkeit gegenüber den ihm unmittelbar vorgesetzen Kr.- u. Dom.-Kammern konnte nicht der geringste Zweifel bestehen. Innerhalb der Kreise blieb es in den Gutsherrschaften und Domänenämtern ständig bei der alten patrimonialen Verwaltung. In den kreisfreien Städten bestand eine autonome Verfassung nur noch dem Scheine nach. Bürgermeister und Magistrat übten zwar auf dem Gebiete der Polizei und der Finanzen Verwaltungsfunktionen aus, aber durchweg unter der Aufsicht des Steuerrates (commissarius loci), der seinerseits der Kr.- u. Dom.-K. verantwortlich war. Von einer Selbstverwaltung konnte im Hinblick auf die in allen Dingen absolut maßgebliche Stellung dieses rein staatlichen Beamten keinerlei Rede sein.

Auf die vielfachen sachlichen Änderungen in der Verwaltung des Landes, in der Finanz- und Wirtschaftspolitik kann hier nicht eingegangen werden. Nur an die Einführung der „Regie“ und an die bedeutende Ausdehnung der Monopolwirtschaft sei in Kürze erinnert. Die Verwaltung der Akzise und der Zölle wurde auf Grund einer Kabinettsordre vom 9. April 1766 von der allgemeinen Staatsverwaltung getrennt und französischen „Fermiers“ übergeben, freilich nicht im Sinne echter Verpachtung, wohl aber unter Bildung besonderer Behörden bis hinunter in die Lokalinstanz, wo dem „Steuerrat“ die Akziseverwaltung gänzlich abgenommen wurde, so daß er nun lediglich Kommunalaufsichtsinstanz blieb. An der Spitze stand die „Administration des Accises et Péages“. An allen diesen neuen Ämtern wurden französische Beamte beschäftigt gegen teilweise sehr hohe Bezahlung. Das ganze war für das preußische Beamtentum ein schwerer Schlag; es kam zwischen den neuen und den alten Behörden zu vielfachen Reibungen, und der wirtschaftliche Ertrag dieser sogenannten „Regie“ entsprach nicht den Erwartungen, so daß Friedrich selbst noch an ihre Wiederabschaffung gedacht haben dürfte. Aber erst unter seinem Nachfolger ist es zur Aufhebung der Regie gekommen. — Von den Monopolen seien erwähnt: Das Porzellanmonopol (1763), das Lotteriemonopol (1763), das Tabakmonopol (1765/67), das Kaffeemonopol (1781).

Alle diese Maßnahmen sind der sinnfällige Ausdruck für die Intensivierung des merkantilistischen Wirtschaftssystems, die Friedrich II. insbesondere für den staatlichen Wiederaufbau nach den verheerenden Wirkungen des 7jährigen Krieges für erforderlich hielt.

§ 22. Die Justizreform. Materielles Recht und Prozeßrecht. Friedrich Wilhelms I. Versuche, das Justizwesen zu reformieren, waren nicht gelungen. Vom Strafprozeß abgesehen, war die Kodifizierung und Vereinheitlichung des Landesrechts ausgeblieben. Die Justizverfassung endete in mehreren unverbundenen Spitzen, wenn man die oberstrichterliche Gewalt des Königs einmal aus den Augen läßt. Erst der friderizianische Staat hat mit Männern wie Cocceji, Carmer und Svarez die gewaltige Aufgabe gelöst und den Gedanken des Einheitsstaates auch in der Rechtsverwaltung und Rechtsverfassung durchgeführt. 1750 wurden durch Erlangung des privilegium de non appellando illimitatum die letzten reichsrechtlichen Hindernisse auf dem Wege der Vereinheitlichung der Gerichtsverfassung beseitigt[1]. Das Kammergericht und die in Berlin befindlichen Appellinstanzen wurden nunmehr zu einem aus 4 Senaten bestehenden sog. Großen Friedrichs-Kollegium vereinigt, dessen drei erste Senate (als „Kammergericht“) Mittelinstanzen wurden, während der 4. Senat die oberste Instanz für den Staat bildete, neben dem sich nur noch das Tribunal in Königsberg als Sonder-Oberinstanz für Preußen erhalten konnte. Aber auch dieser Dualismus verschwand nicht lange danach, indem das Berliner „Obertribunal“ die Überordnung über das Königsberger Tribunal unter Herabdrückung des letzteren zur Mittelinstanz erlangte. 1782 fand die Auflösung der völlig unorganischen Verbindung des Kammergerichts mit dem Obertribunal statt. Letzteres wurde als „Geheimes Obertribunal“ höchste Instanz der ganzen Monarchie. Mittelinstanzen in den einzelnen Provinzen waren neben dem Kammergericht und dem ostpreußischen Tribunal die Regierungen. Sie sprachen in Zivil- und Strafsachen Recht. Die letzteren waren dagegen den Untergerichten, d. h. den patrimonialen Gerichten der Gutsherrn, den (diesen entsprechenden) Domänenjustizämtern und den städtischen Gerichten, entzogen.

Die schwierige Frage, in welcher Weise die Zuständigkeitsgrenze zwischen Verwaltungsbehörden und Justizkollegien gezogen werden sollte, suchte das Ressortreglement von 1749 dahin zu lösen, daß die das Interesse privatum betreffenden Rechtsstreitigkeiten den Gerichten, die den statum oeconomicum et politicum angehenden Sachen den Kammern zufallen sollten. Zweifel blieben natürlich noch in großer Fülle bestehen, und darum wurde 1756 zur Erledigung von Kompetenzstreitigkeiten die Jurisdiktionskommission eingesetzt. Der Instanzenzug in der Rechtsprechung der Verwaltungsbehörden wurde 1782 neu geordnet. Bei den Kammern wurden als Spruchbehörden sog. Kammerjustizdeputationen eingerichtet.

---

[1] Dieses Privilegium de non appellando illimitatum war tatsächlich schon am 31. Mai 1746 auf Grund der Abmachungen im Dresdener Frieden vom 25. Dezember 1745 erteilt worden. Aber Friedrich hat die für das Privileg zu zahlende Taxe von 30000 Gulden erst im April 1750 bezahlt, so daß dem preußischen Residenten am Wiener Hof das Privileg erst am 28. April 1750 behändigt wurde. Allerdings war die Urkunde, die das Privileg enthielt, auf den 31. Mai 1746 zurückdatiert worden. Vgl. Perels S. 105ff. Für Ostfriesland erging ein besonderes Privilegium de non app., das das Datum des 15. Februar 1750 trug. Perels S. 112ff., 118/119.

Als Berufungsinstanz fungierte über ihnen das Oberrevisionskollegium, als Revisionsinstanz die Oberrevisionsdeputation.

Die Neuordnung der Gerichte und Verwaltungsspruchbehörden stellte allein die Justizreform der friderizianischen Zeit nicht dar. Wichtiger noch war es vielleicht, daß der Justizbeamtenkörper nach dem Vorgange Friedrich Wilhelms I. von untätigen und unfähigen Elementen rücksichtlos gesäubert, daß das Maß rechtsgelehrter Bildung wesentlich erhöht und seit 1755 ein geregeltes Examenswesen für sämtliche Anwärter auf Justizstellen eingeführt wurde. Und Hand in Hand mit diesen Bestrebungen ging die Reformarbeit am Prozeßwesen. Sie war einerseits eine rein praktische, indem Cocceji und Carmer bei Bereisung des Landes durch energisches Eingreifen in den schleppenden Gang mancher Justizbetriebe Tausende uralter Prozesse zur Erledigung brachten. Das wichtigste aber war die fortgesetzte Reformarbeit am Prozeßrecht. Cocceji gelang es nicht, in dieser Hinsicht Abschließendes zu erreichen. Sein Codex Fridericianus (1747—1749 in allen Provinzen eingeführt) suchte zwar den langwierigen schriftlichen Prozeß für einfachere Sachen durch das Prinzip der Mündlichkeit zu verdrängen; aber der Codex war doch mehr eine Dienstpragmatik für die Richter als ein das Prozeßrecht neugestaltendes und verbesserndes Gesetzbuch. So war bei Coccejis Tode die dem König sehr am Herzen liegende Reform des Prozeßrechts ein ungelöstes Problem, das sehr bald zu einer Schicksalsfrage für die weitere Entwicklung der preußischen Justiz überhaupt werden sollte. Denn unter dem Großkanzler v. Fürst hörten zu Friedrichs größtem Mißfallen die Klagen über Prozeßverschleppungen nicht auf. Das Mißtrauen des Königs gegen den Großkanzler und die preußischen Gerichte überhaupt führte dann zu der Katastrophe von 1779[1], indem der König in dem berühmten Prozeß des Müllers Arnold einen „Machtspruch" fällte, die von den ordentlichen Gerichten gesprochenen Urteile illusorisch machte und überdies nicht nur den Großkanzler in schroffster Form aus dem Amte jagte, sondern auch die an den Sentenzen gegen Arnold beteiligt gewesenen Räte des Kammergerichts und der neumärkischen Regierung zu Festungsarrest und vollem Schadensersatz zugunsten des Arnold verurteilte. Friedrich wäre vielleicht nicht so schroff vorgegangen, hätte er nicht in dem damaligen Breslauer Oberamtsregierungspräsidenten Johann Heinrich Casimir v. Carmer[2] den Mann gewußt, dem er die rasche Durchführung der Justizreform zutrauen zu dürfen glaubte. In der Tat nahm Carmer, hervorragend unterstützt von seinem nie rastenden Mitarbeiter Carl Gottlieb Svarez[3], sofort die Reform des Prozeßrechts, aber auch die Schaffung des seit 2 Jahrhunderten ersehnten allgemeinen Landrechts in die Hand.

---

[1] Vgl. dazu die Darstellung ROSENFELDS in: „Aus der Festungszeit preußischer Kammergerichts- und Regierungsräte auf Spandau 1780" (Berlin o. J.); hier auch Wiedergabe der wichtigsten den Müller-Arnold-Prozeß betreffenden Urkunden. Eine kurze Darstellung dieser Ereignisse jetzt auch bei W. JELLINEK, Verwaltungsrecht (Bd. XXV dieser Enzyklopädie), 2. Aufl. 1929, S. 80ff.

[2] Johann Heinrich Casimir v. Carmer: Geb. am 29. 12. 1721 in Kreuznach; 1749 Kammergerichtsreferendarius in Berlin; 1750 von Cocceji zu einer wichtigen Inspektionsreise nach Schlesien mitgenommen; 1751 Oberamtsregierungsdirektor in Breslau; dann Präsident dieser Behörde; 1768 schlesischer Justizminister; 1779 Großkanzler. 1795 Entlassungsgesuch; Befreiung von den meisten Ämtern; endgültige Entlassung aus dem Staatsdienst 1798; gestorben 23. Mai 1801 in Rützen. Vgl. meine kurze Biographie Carmers in „Schlesische Lebensbilder", Bd. 2 (1926), S. 22ff.

[3] Carl Gottlieb Svarez: Geb. am 27. Februar 1746 in Schweidnitz; 1762—65 Studium in Frankfurt a. O.; 1765 Auskultator bei der Breslauer Oberamtsregierung; 1766 Referendar daselbst; 1768 Durchführung der Justizrevision in Schweidnitz im Auftrage Carmers; seit 1768 ständiger Mitarbeiter Carmers; 1771 Oberamtsregierungsrat in Breslau; 1780 mit Carmer nach Berlin; intensive Mitarbeit an der Carmerschen Prozeßordnung und vor allem am allgemeinen Landrecht; gestorben am 14. Mai 1798 in Berlin. Vgl. außer der grundlegenden Biographie STÖLZELS meine kurze Lebensdarstellung in „Schlesische Lebensbilder", Bd. 2 (1926), S. 29ff. — Der Name „Svarez" ist nichts als eine Latinisierung des Namens Schwartz (Schwartzius, Schwaretz, Svarez).

Die erste Frucht dieser Arbeiten war das am 26. April 1781 verkündete „Corpus Juris Fridericianum, erstes Buch, von der Prozeßordnung“. Das Charakteristische und Interessante an diesem Prozeßrecht war die Übernahme der Inquisitionsmaxime in den Zivilprozeß. Damit glaubte der Polizeistaat allen Verschleppungspraktiken am sichersten begegnen zu können. Und da man seit den Tagen Friedrich Wilhelms I. in den Advokaten die Nutznießer der Langwierigkeit der Prozesse erblicken zu dürfen glaubte, so wurden die Advokaten in den Prozessen durch staatliche Assistenzräte ersetzt und im übrigen auf Rechtsberatung außerhalb der Gerichtssäle beschränkt. Aber gerade die hierin liegenden Übertreibungen führten nach nicht langer Zeit zu einer Revision des Gesetzes, freilich nicht mehr unter Friedrich dem Großen: Am 6. Juli 1793 wurde die Prozeßordnung mit mancherlei Änderungen als „Revidierte Gerichts- und Prozeßordnung“ neu publiziert; 1795 wurden 2 ergänzende Teile angefügt. Für das ganze Werk bürgerte sich bald der Name „Allgemeine Gerichtsordnung“ ein. Mit ihr war die Rechtseinheit auf zivilprozessualem Gebiete und zugleich für lange der Abschluß der Zivilprozeßreform erreicht.

Der Strafprozeß beruhte auch weiterhin auf der Kriminalordnung von 1717. Der Inquisitionsprozeß war *das* Strafverfahren des preußischen Staates, sei es in Form des ordentlichen feierlichen Prozesses mit General- und Spezialinquisition, sei es — in leichteren Sachen — in einer wesentlich abgekürzten, die einzelnen Prozeßstadien stark zusammenziehenden Form des fiskalischen Strafprozesses. Von großer Bedeutung war die Abschaffung der Folter (1740), die jedoch an der inquisitorischen Struktur des Prozesses nichts änderte und auch keineswegs das Beweisrecht als solches mit seiner zentralen Bedeutung des Geständnisses umwandelte. Die Kriminalordnung von 1805 bildete, den Inquisitionsprozeß in Reinkultur darstellend, den Abschluß der polizeistaatlichen Entwicklung des Strafverfahrens.

Der Müller-Arnold-Prozeß ist für die preußische Rechtsgeschichte nicht nur dadurch bedeutsam gewesen, daß er mit der stürmischen Katastrophe von 1779 die Justizreform in Gang brachte und zu einem für den Staat sehr wichtigen Wechsel im Großkanzleramt führte; er offenbarte vielmehr daneben auch in der inneren Struktur des Staates einen Fortschritt, der sich schon seit den Tagen Friedrich Wilhelms I. fast unmerklich vollzogen hatte: die Entwicklung der *Unabhängigkeit der Gerichte* gegenüber der Exekutive des Staates, jedenfalls soweit die höheren Gerichte in Frage kamen. Cocceji hatte es unter Friedrich Wilhelm I. verstanden, die Justizaufsicht, wie sie durch den Generalfiskal ausgeübt werden sollte (vgl. oben § 18), durch den Sturz des Generalfiskals Gerbett ein für allemal abzuschütteln. Die streng durchgeführte Personalreform, die der Justiz viele hervorragende Persönlichkeiten zuführte, hatte allmählich ein gewisses Selbstbewußtsein der Gerichte, auch der Krone gegenüber, zur Folge. Die Machtprobe, zu der es 1779 kam, endete doch eigentlich mit einem Erfolge der Justiz: Der Kriminalsenat des Kammergerichts *weigerte* sich, das ihm vom König durch KO. vom 11. Dezember 1779 *anbefohlene* kondemnatorische Urteil über die Richter des Müllers Arnold zu fällen. Der Minister v. Zedlitz stellte sich dabei mutig vor die Richter und weigerte sich trotz wiederholten königlichen Befehls, ein Urteil gegen jene Richter abzufassen. Das hatte dann zwar den Machtspruch Friedrichs zur Folge; aber Friedrich wagte nicht, gegen den ungehorsamen Minister und gegen den Kriminalsenat des Kammergerichts vorzugehen, obwohl er gedroht hatte: „ich werde nun schon sehen, was ich weiter mit Euch mache“. So hatte die Unbeugsamkeit der Justiz sich dem Könige gegenüber durchgesetzt. Tatsächlich nahmen die Gerichte im Verhältnis zur Krone, verglichen mit den übrigen Behörden, doch schon eine Sonderstellung ein.

Auch auf dem Gebiete des materiellen Rechts führten die Kodifikationsbestrebungen endlich zum Erfolge. Cocceji hatte auch hier vergeblich das Ziel zu erreichen gesucht: sein Corpus juris Fridericiani (1749—1751) gelangte nicht zum Abschluß und erhielt nicht gesetzliche Sanktion. Der Mann, der im wesentlichen als der Schöpfer der Kodifikation des gesamten preußischen Rechts, des Allgemeinen Landrechts, anzusehen ist, war Svarez. Seine Aufgabe bestand nicht in der Schaffung neuen Rechts, sondern in der kodifikatorischen Zusammenfassung und Feststellung dessen, was sich als das materielle Recht Preußens entwickelt hatte. Im Zivilrecht wurde dabei der Ausgleich zwischen fremdem und einheimischem Rechte vollzogen; im öffentlichen Recht stellt das Allgemeine Landrecht das Ergebnis der absolutistischen Entwicklung dar unter Erhaltung der alten sozialen Gliederung des Volkes und scharfer Trennung der Stände des Adels, des Bürger- und des Bauerntums. Endlich spiegelte auch das Strafrecht getreulich die Entwicklung wider, die es im friderizianischen Zeitalter durchgemacht hatte. Die religiöse Auffassung vom Strafrecht und Strafzweck, insbesondere die Vergeltungsidee, hatte Friedrich der Große zugunsten der utilitaristischen Strafzwecke aufgegeben, die unsinnige Verwendung der Todesstrafe eingeschränkt, ihre grausamen Spielarten beseitigt, die verstümmelnden Leibesstrafen und die die kriminelle Infektion von Land zu Land vermittelnde zwecklose Landesverweisung abgeschafft und in den Mittelpunkt des Strafensystems die Freiheitsstrafe gerückt. So sehr ihr Vollzug an den hergebrachten Mängeln der „Strafanstalten" auch in Preußen litt, eine bedeutsame Humanisierung des Strafrechts war mit der Einführung der Freiheitsstrafen verbunden; zugleich war ein starkes Vordringen der Spezialprävention gegenüber der Generalprävention angebahnt. In diesem Geiste ist der strafrechtliche Teil des ALR. abgefaßt.

Friedrich der Große hat die Publizierung des ALR. nicht mehr erlebt. Am 5. 2. 1794 wurde das Gesetzbuch mit Wirkung vom 1. 6. 1794 ab in Kraft gesetzt.

§ 23. Staat und Kirche. Territorialsystem. Man kann dem Staate Friedrichs des Großen eine erschöpfende Würdigung nicht zuteil werden lassen, wenn man nicht auch des Verhältnisses gedenkt, in dem der Staat zu den religiösen Bekenntnissen stand. Nach dem Übertritt Johann Sigismunds zum reformierten Bekenntnis war in Brandenburg jeder staatliche Glaubenszwang unmöglich geworden; jedoch hatte dies nicht zur Folge, daß der Staat die Kirche sich selbst überließ, vielmehr erstreckte sich das landesherrliche Kirchenregiment nun gleicherweise auf beide Konfessionen. Kirchengesetzgebung und -verwaltung waren durchaus staatliche Gesetzgebung und Verwaltung. Völlige Toleranz seitens des Staates war gegenüber beiden Bekenntnissen eine Selbstverständlichkeit. Die äußere Organisation der Bekenntnisse war keine einheitliche. Die lutherische Kirche stand unter Konsistorien, denen die Superintendenten verantwortlich waren; in manchen Landesteilen erledigten auch die Regierungen die Konsistorialgeschäfte, so im Westen, ferner in Westpreußen und in Schlesien. Für die reformierte Kirche, die mit der lutherischen trotz mancher Bemühungen seitens des Staates nicht in eine nähere Verbindung gebracht werden konnte, wurde 1713 ein besonderes Kirchendirektorium errichtet.

Die Vollendung des Einheitsstaates ging aber auch am Kirchenwesen nicht spurlos vorüber. 1750 wurde ein Oberkonsistorium errichtet, dem die Konsistorien der einzelnen Landesteile unterstanden. Schlesien wurde auch in dieser Hinsicht von der Berliner Zentrale eximiert. Der Chef des Oberkonsistoriums und der Chef des reformierten Kirchendirektoriums bildeten zusammen eine oberste Kirchenzentralbehörde, das geistliche Departement, das, da die Chefs zugleich Justizminister waren, eine Abteilung des Justizministeriums bildete. Eine Union der Bekenntnisse war damit natürlich nicht erzielt, sondern bloß eine verwaltungstechnische Vereinheitlichung in der obersten Spitze.

Das katholische Bekenntnis spielte erst seit der Gewinnung Schlesiens eine nennenswerte Rolle im Staate. An seiner Organisation konnte bei dem engen Zusammenhang mit dem katholischen Dogma nicht gerüttelt werden. Die Stellung des Staats zum Katholizismus aber war keine andere als gegenüber den anderen Bekenntnissen. Das in Brand.-Pr. herrschende Territorialsystem, das die Aufgabe des Staates gegenüber der Religion wesentlich polizeilich auffaßte, unterstellte auch die katholische Kirche der Aufsicht des Staates; das Kirchengut wurde der katholischen Kirche belassen, jedoch mit einer hohen Kontribution belegt.

Das ALR. drückte in seinen kirchenrechtlichen Bestimmungen nur die überkommenen Verhältnisse aus und beruhte ebenfalls durchaus auf dem Territorialsystem.

Viertes Kapitel.

Der Zusammenbruch des friderizianischen Staates.

Literatur: (v. Bassewitz), Die Kurmark Brandenburg, ihr Zustand und ihre Verwaltung unmittelbar vor dem Ausbruch des französischen Krieges im Okt. 1806, 1847. — Philippson, Geschichte des preußischen Staatswesens vom Tode Friedrichs d. Gr. bis zu den Freiheitskriegen, 2 Bde., 1880/82. — E. v. Meier, Französische Einflüsse auf die Staats- und Rechtsentwicklung Preußens im 19. Jahrhundert, 2 Bde., 1908. — M. Lehmann, Freiherr v. Stein, 3. Aufl. 1928. — S. A. Kähler, Wilhelm von Humboldt und der Staat, 1927. — Hintze, Preuß. Reformbestrebungen vor 1806 (Histor. Zeitschr., Bd. 76, 1896). — Hüffer, Die Kabinettsregierung in Preußen und J. W. Lombard, 1891. — Tümpel (Lit. vor § 6). — Eb. Schmidt, Preuß. Gefängnis-Reformversuche bis 1806 (Archiv f. Strafrecht u. Strafprozeß, Bd. 67). — Ziekursch, (Lit. vor § 20).

§ 24. Allgemeines. Reformversuche. Äußere Expansion eines Staates ist nicht immer ein Indiz für innere Festigkeit. Der preußische Staat, der in der Epigonenzeit von 1786—1806 um mehr als 2000 Quadratmeilen anwuchs, dessen Bevölkerungszahl von 5½ auf 10 Millionen Einwohner erhöht wurde, trug die Keime des entsetzlichen Zusammenbruchs von 1806 in sich, als er äußerlich in größter Blüte zu stehen schien und auch im Innern die Abkehr von der rigorosen Strenge des alten Fritz einen Zustand großer Zufriedenheit und bequemen Wohlbehagens geschaffen hatte. Die Gründe für den Zusammenbruch sind hier nur so weit aufzuzeigen, als sie im Verfassungs- und Rechtsleben zu suchen sind. Ganz allgemein läßt sich sagen, daß die Staatsmaschine, ihres genialen Lenkers beraubt und mangels einer erfahrenen und energischen Herrscherpersönlichkeit „unverantwortlichen Kabinettsräten und Adjutanten“ (Schmoller) ausgeliefert, den übermäßigen Erwerbungen, die politisch so falsch wie möglich waren[1], nicht gewachsen war. Die Reformen, die auf verschiedenen Gebieten in Angriff genommen wurden, gelangten häufig über einen Wust von Schreiberei, Projekten und halben Maßnahmen nicht hinaus. So führten die mit den Instruktionen von 1786 und 1798 unternommenen Versuche, das Generaldirektorium umzugestalten, nicht zu der notwendigen Beseitigung des Provinzial- durch das Realsystem. Nicht vorwärts sah man bei diesen Reorganisationsbestrebungen, sondern rückwärts, indem man zu der alten Kollegialverfassung von 1723 zurückzukehren suchte. Von der Unstetigkeit und Unklarheit in den Organisationsbestrebungen zeugten ferner Maßnahmen wie die Abschaffung und alsbaldige Wiederherstellung des Forstdepartements (1786), die Begründung des Oberkriegskollegiums (1787), das Hin und Her hinsichtlich der staatlichen Monopole, die vielfachen Experimente hinsichtlich des Zoll- und Akzisewesens. Der Abbau des merkantilistischen Protektionismus, sein Zurückweichen vor den auch in das preußische Beamtentum eindringenden liberalen Strömungen traten in allen diesen Maßnahmen in Erscheinung, die nicht geringen Schwierigkeiten dieser Übergangszeit beleuchtend. Aber es fehlte an zielsicherer Führung, und in allem machte sich ein für einen Staat wie Preußen sehr bedrohliches Nachlassen der staatlichen Energie bemerkbar. Dazu kam der durch die polnischen Teilungen und die kostspieligen Revolutionskriege stark

[1] Der Schwerpunkt des Staates wurde damit immer mehr nach Osten gelegt. Darüber, daß schon unter Friedrich II. der wirtschaftlich höchst wertvolle Westen gegenüber den alten Teilen der Monarchie und den östlichen Neuerwerbungen vernachlässigt worden ist, vgl. Lehmann (Stein) S. 30ff. und dazu auch Rachel (Forsch. Bd. 40, S. 260).

geförderte Verfall der Finanzen, der durch die Aufgabe wichtiger staatlicher Einnahmequellen (Monopole!) noch beschleunigt wurde.

Soweit der Staat sichtbare Erfolge errang, namentlich auf dem Gebiete der Vereinheitlichung des Rechts, handelte es sich lediglich um die Ernte von Früchten, die der friderizianische Staat zur Reife gebracht hatte. Die Fortbildung des Rechts war durchaus nicht immer eine glückliche. Klägliches Fiasko machte der Staat auf dem Gebiete der Strafrechtspflege. Die Bekämpfung des Verbrechens wurde zwar immer mehr unter spezialpräventive Gesichtspunkte gestellt, brachte doch die KO. vom 26. 2. 1799 wegen Bestrafung der Diebstähle und ähnlicher Verbrechen dem preußischen Strafrecht die unbestimmte Verurteilung zur Strafe. Aber die an sich sehr begrüßenswerten Neuerungen in diesem Sinne mußten in praxi an dem unglaublichen Zustande der Strafanstalten scheitern. Die Versuche, diese zu reformieren, blieben jedoch in (durchaus fortschrittlich gerichteten, bereits den progressiven Strafvollzug anstrebenden) Projekten stecken. Aus kleinlichen Sparsamkeitsrücksichten wurde mit Halbheiten experimentiert und schließlich im Jahre 1801 ein ganz kläglich verlaufener Deportationsversuch unternommen, der den preußischen Staat sogar außenpolitisch kompromittierte.

§ 25. Das Heereswesen. Ganz besonders bedenklich aber war das Nachlassen der staatlichen Energie auf dem Gebiete des Heereswesens. Auch hier eine ganz entschiedene Rückbildung an Stelle zielbewußter Fortschritte. Das Kantonreglement vom 12. 2. 1792 ließ von dem Prinzip der allgemeinen Wehrpflicht, das sich in Friedrich Wilhelms I. Kantonreglement von 1733 doch schon deutlich angemeldet hatte, tatsächlich gar nichts mehr übrig. Freilich hatte ja schon Friedrich II. die Exemtionen von der Kantonpflicht stark ausgedehnt und wieder in stärkerem Maße Söldner im Auslande geworben. Jetzt aber ging man auf dieser Bahn noch weiter, indem auf Grund der sehr erweiterten Befreiungen tatsächlich nur noch die allerunterste Bevölkerungsschicht, ländliches und städtisches Proletariat, zum Heeresdienst neben ausländischen Söldnern herangezogen wurde. Die Offiziersstellen blieben dem Adel vorbehalten; frische Kräfte aus dem Bürgertum konnten sich hier nicht im Dienste des Staates betätigen. Soweit sie nicht im Beamtendienste Verwendung fanden (und auch hier dominierte in den höheren Stellen durchaus der Adel), blieben sie zur Stützung und Erhaltung des Staates ungenutzt.

§ 26. Die soziale Gliederung. Bauernstand. Die soziale Gliederung des Staates war durch das ALR. in überkommener Weise sanktioniert worden. Adel, Bürgertum und Bauernstand standen sich in sozialer und rechtlicher Abgeschlossenheit einander gegenüber. Der Bauer nahm die tiefste soziale Stellung ein. Mit Rücksicht auf die Lasten, die er mit Steuern und Militärdienst für den Staat zu tragen hatte, sorgte aber der Staat wenigstens für die Erhaltung einer zur Tragung dieser Lasten geeigneten Bauernschaft, und deshalb wehrte der friderizianische Staat die Versuche des Adels, weiter Bauernland an sich zu bringen, ab. Auf den Domänen begann seit 1763 eine Verbesserung der persönlichen Lage der Bauern durch Beseitigung des Gesindezwangsdienstes. Seit 1797 wurde die Ablösung der den Domänenbauern obliegenden Hand- und Spanndienste eingeleitet; sogar zur Verleihung freien Eigentums wurde schon übergegangen. Die Privatbauern aber nahmen an alle dem nicht teil. Kein Wunder, daß sich unter dem Einfluß der Ideen der französischen Revolution vielfach eine bedrohliche Unruhe der bäuerlichen Bevölkerung bemächtigte. Die zum Teil sehr gefährlichen Bauernrevolten[1], die besonders seit den Tagen Fried-

[1] Vgl. darüber die fesselnden Schilderungen von ZIEKURSCH, 100 Jahre schlesischer Agrargeschichte, S. 227ff., 243ff., 277ff., 280—281. Im Jahre 1807 haben die schlesischen Bauern vielfach ihre Dienste und Zinszahlungen eingestellt. Die Breslauer Kriegs- und Domänenkammer scheute sich nicht, den französischen General Dumuy, den Generalgouverneur von Schlesien, um militärische Unterstützung gegenüber streikenden Bauernschaften zu bitten. Tatsächlich ist es zu einem Eingreifen des feindlichen Militärs gekommen. Vgl. ZIEKURSCH, a. a. O. S. 281.

rich Wilhelms II. in den östlichen Provinzen, ganz besonders aber in Schlesien immer wieder aufflackerten und unter brutalster Anwendung militärischer Machtmittel niedergeschlagen wurden, zeigten deutlich genug, wie dringend nötig eine Agrarreform war, die allen bäuerlichen Wirten zu persönlicher und dinglicher Freiheit verhalf. Die Zeit war durchaus reif dafür. Daß man dies nicht erkennen wollte, gehört mit zu den schwersten Versäumnissen dieser Zeit des staatlichen Niederganges. Selbst da, wo ein Mann wie der Freiherr vom Stein die Emanzipation der Privatbauern in die Wege leitete, scheiterten alle Reformbestrebungen an der Passivität der verantwortlichen Zentralbehörde. Mit Recht hat ZIEKURSCH[1] die Frage aufgeworfen, ob nicht die vielfach verbreitet gewesene Angst vor einem Bauernkriege, insbesondere im Falle eines kriegerischen Konfliktes mit Frankreich, „wenigstens zu einem bescheidenen Teile zu jener übelberüchtigten preußischen Neutralitätspolitik von 1795 bis 1806 beigetragen habe".

§ 27. Staat und Kirche. Für die Stellung des Staates zur Kirche war auf Grund des ALR., wie oben gezeigt, das Territorialsystem maßgebend. Aber unter Friedrich Wilhelm II. wurden die nötigen Folgerungen aus ihm nicht mehr gezogen. Machte sich auf anderen Gebieten des staatlichen Lebens ein bedauerlicher Rückgang an staatlicher Energie bemerkbar, so ging unter Wöllners Einfluß auf Grund des berüchtigten Religionsediktes vom 9. 7. 1788 und der ihm folgenden Erlasse von 1790 bis 1794 die Staatsgewalt weit über das hinaus, was die Bewahrung des konfessionellen Friedens und die polizeiliche Beaufsichtigung der „Religionsgesellschaften" erheischten. Man wollte die „Aufklärer" unter den Geistlichen und Lehrern[2] bekämpfen und führte einen starren Glaubens- und Gewissenszwang ein. Erst der Regierungsantritt Friedrich Wilhelms III., dem die Entlassung Wöllners folgte, führte zur Beseitigung dieser dem Geiste des ALR. durchaus widersprechenden Auswüchse polizeistaatlicher Reglementierung.

Fünftes Kapitel.

Der Wiederaufbau des Staates und die Rechtsentwicklung bis zur Lösung der Verfassungsfrage.

A. Die Stein-Hardenbergsche Reform.

Literatur: Vgl. die in der Lit.-Angabe zum 4. Kapitel angeführten Werke von LEHMANN und v. MEIER. — Dazu BOTZENHART, Die Staats- und Reformideen des Freiherrn vom Stein; Ihre geistigen Grundlagen und ihre praktischen Vorbilder. 1. Teil: Die geistigen Grundlagen, 1927. Ferner: RITTER, Die Staatsanschauung des Freiherrn vom Stein, ihr Wesen und ihre Wurzeln, 1927. — KOSER, Die preuß. Reformgesetzgebung in ihrem Verhältnis zur französ. Revolution (Hist. Zeitschr. 1894 und in: Zur pr. u. deutschen Geschichte, Aufs. u. Vortr., 1921, S. 269ff.). — KNAPP, Die Bauernbefreiung und der Ursprung der Landarbeiter in den älteren Teilen Preußens, 2 Bde., 2. Aufl., 1927. — WINTER, Zur Entstehungsgeschichte des Oktoberedikts und der VO. vom 14. 2. 1808 (Forsch. Bd. 40, S. 1ff.). — ZIEKURSCH, 100 Jahre schlesischer Agrargeschichte, 2. Aufl., 1927. — E. v. MEIER, Die Reform der Verwaltungsorganisation unter Stein und Hardenberg, 2. Aufl. von THIMME, 1912. — M. LEHMANN, Der Ursprung der Städteordnung von 1808 (Preuß. Jahrbücher, Bd. 93). — v. GRUMBKOW, Die Geschichte der Kommunalaufsicht in Preußen (I. Teil), Breslauer Diss., 1921. — D. preuß. Heer der Befreiungs-

[1] ZIEKURSCH S. 278/79.

[2] Auch an Kant, der sich unter Friedrich dem Großen der feinsinnigsten und verständnisvollsten Förderung seitens des Ministers Frhr. v. Zedlitz hatte erfreuen dürfen (Berufung nach Halle!), wagte sich nunmehr die Reaktion heran. Am 1. 10. 1794 erging an ihn eine von Wöllner gezeichnete KO., in der ihm vorgeworfen wurde, daß er seine „Philosophie zu Entstellung und Herabwürdigung mancher Haupt- und Grundlehren der Heiligen Schrift und des Christentums mißbraucht" habe. Kant tat Recht daran, daß er sich mit diesen „Geistern" in einen Kampf nicht einließ, sondern am 12. 10. 1794 in einer Form antwortete, die Wöllner immerhin als ein laudabiliter se subjicere deuten mochte.

kriege, hrsg. vom Großen Generalstab, Bd. 1, 1912. — MAMROTH, Geschichte der preuß. Staatsbesteuerung 1806—1816, 1890. — DIETERICI, Zur Geschichte der Steuerreform in Pr. von 1810—1820, 1875. — KOLLMANN, Die Entstehungsgeschichte der deutschen Koalitionsgesetzgebung (Strafrechtl. Abhdlgn., hrsg. von v. LILIENTHAL, Heft 191), 1916.

§ 28. Die Ziele. Die Wiederaufrichtung des preußischen Staates nach dem Zusammenbruch in den napoleonischen Kriegen bedeutete nicht die Schaffung eines neuen Staatswesens; vielmehr wurden dem krank gewordenen Staate Friedrichs des Großen nur neue frischere Kräfte zugeführt; das Fundament, auf dem er gegründet war, wurde durch Interessierung weiterer Schichten für staatliche Aufgaben und Zwecke wesentlich verbreitert und verstärkt. „Reform auf der Grundlage des geschichtlich Gewordenen — nicht frevelhaftes Einreißen bestehender Ordnungen, nicht radikaler Neubau auf leerem Felde nach abstrakten Prinzipien, aber auch nicht starres Festhalten am Herkommen um seiner selbst willen, keine künstlich-romantische Verklärung innerlich abgestorbener, unlebendig gewordener Institutionen, sondern organische Fortbildung des Überlebten, Erhaltung dessen, was der Erhaltung wert ist“: das ist nach Gerhard Ritters ausgezeichneter Formulierung der Grundgedanke gewesen, der den politischen Reformwillen des Freiherrn vom Stein getragen hat und in dem Wiederaufbau des Staates zur Entfaltung gekommen ist. Stürmisches Verlangen nach einer Veränderung der Staatsform ist in jener Zeit nirgends hervorgetreten. Die Gesellschaftsschicht, die bisher im Staate die herrschende gewesen war, wurde nicht verdrängt, und so blieb der Staat nach wie vor der absolutistisch regierte Militär- und Beamtenstaat; freilich kann man mit SCHMOLLER und anderen sagen, daß an Stelle des königlichen der bürokratische Absolutismus trat; denn nachdem mit Friedrich II. der letzte wirklich führende, selbst regierende König ins Grab gesunken war und die Epigonenzeit von 1786 bis 1806 zum Zusammenbruch geführt hatte, waren es nun die großen Staatsmänner, die leitenden Minister, in deren Händen de facto die Regierung lag, wenn auch rechtlich der König noch immer der regierende Herrscher war und die leitenden Beamten, ihm gegenüber verantwortlich, ohne seine Zustimmung nichts Entscheidendes unternehmen konnten.

Die Reformen, durch die der alte Staat verjüngt wurde, stehen unter dem Zeichen der Persönlichkeiten Steins und Hardenbergs, Scharnhorsts und Gneisenaus. Sie waren, um möglichst viele Kräfte, die in der Gebundenheit des Polizeistaates für den Staat nicht genutzt worden waren, freizubekommen, von liberalisierender Tendenz erfüllt, von den Ideen der Physiokraten, den Idealen der Aufklärungszeit. Daß namentlich Stein vornehmlich nach französischem Vorbilde und unter dem Einfluß französischer Geistigkeit reformiert habe, ist zweifellos eine Übertreibung und dürfte überdies eine Verkennung des englischen Einflusses bedeuten, der auf Stein und seine Freunde namentlich durch Edmund Burke ausgeübt worden ist; auch hat der „politische Erziehungsgedanke“ Steins mit „seiner spezifisch idealistischen Prägung“ (RITTER) durchaus im Gegensatz zu den Ideen von 1789 gestanden. Die Einwirkung französischer Ideen und Vorbilder bei einzelnen Reformen und in mancher Hinsicht auch bei der Ausbildung der neuen politischen Gedankenwelt Steins und der übrigen Reformer soll damit natürlich nicht geleugnet werden.

Zur Regeneration des Staates war einerseits eine auf Vereinfachung gerichtete Verbesserung des Behördenwesens, vor allem in der so arg zersplitterten und in Unordnung geratenen Zentralinstanz erforderlich; sodann mußte mit der ausgeprägt ständischen Struktur des Staates gebrochen, das Individuum von den Fesseln der ständischen Gesellschaftsgliederung befreit werden; und schließlich mußten die Wege gefunden werden, um die auf ihre eigene Kraft gestellten Individuen aller Schichten zur Mitarbeit am Staate heranzuziehen, das Volk, namentlich den Bürger und den Bauern mit Staatsgefühl, mit Sinn für den Staat und seine Notwendigkeiten zu erfüllen.

§ 29. Bauernbefreiung und Städteordnung. Umbildung des Behördenwesens. Auf dies letztere hatte in erster Linie Stein[1] sein Augenmerk gerichtet. Die Beseitigung der ständischen Dreigliederung sollte zunächst die Bahn frei machen. Zu diesem Zweck erging das Edikt vom 9. 10. 1807 betr. den erleichterten Besitz des Grundeigentums, sowie die persönlichen Verhältnisse der Landbewohner. Es war, mit Georg Winter zu sprechen, „der Fanfarenstoß, der die Epoche der Stein-Hardenbergischen Reformen einleitete". Es hob das persönliche Band zwischen Gutsherrschaft und Bauern auf („Nach dem Martinitage 1810 gibt es nur freie Leute"), ließ aber die dinglichen Verhältnisse des Bauernlandes noch unberührt. Der Bodenverkehr wurde von den bisherigen Schranken befreit bis auf gewisse Sicherungen, die der Staat zur Erhaltung von Bauernland und Bauernstand gegen das Aufkaufen bäuerlicher Güter durch den Adel aufzustellen noch für nötig erachtete. Der Gewerbebetrieb, bisher ausschließlich Vorrecht der Bürger, wurde nun auch den anderen Ständen freigegeben. Die rechtlichen Schranken zwischen den drei Gesellschaftsschichten waren damit schon zum großen Teil beseitigt.

Die weitere Lösung des gutsherrlich-bäuerlichen Verhältnisses erfolgte erst unter Hardenberg[2]. Durch das Edikt vom 14. 9. 1811 wurde die Regulierung der dinglichen Verhältnisse eingeleitet mit dem Ziel, dem Bauern im Wege des Aus-

---

[1] Heinrich Friedrich Karl, Freiherr vom und zum Stein, geboren am 26. 10. 1757 in Nassau an der Lahn. Er entstammt einem alten reichsfreiherrlichen Geschlecht. 1773—1777 Studienzeit in Göttingen. Dann Praktikant beim Reichskammergericht in Wetzlar. Seit 1778 auf Reisen. Im Februar 1780 Eintritt in den preußischen Staatsdienst als Referendar beim Bergwerks- und Hüttendepartement des Generaldirektoriums. Bereits 1782 Beförderung zum Oberbergrat. 1784 Direktor der westfälischen Bergwerke. 1787 Direktor an der märkischen Kriegs- und Domänenkammer zu Hamm. 1793 Kammerpräsident. 1796 Oberpräsident in Minden. 1802 Oberpräsident in Münster. 1804 Minister im Generaldirektorium. Wegen seiner Forderung, die Kabinettsregierung zu beseitigen (in diesem Sinne bereits Steins Denkschrift vom 27. 4. 1806, die aber dem Könige nicht überreicht wurde), erfolgte am 3. 1. 1807, in der Zeit tiefsten staatlichen Elendes, Steins Entlassung. Für Friedrich Wilhelm III. war Stein „ein widerspenstiger, trotziger, hartnäckiger und ungehorsamer Staatsdiener, der auf sein Genie und sein Talent pochend, weit entfernt, das Beste des Staates vor Augen zu haben, nur durch Kaprizen geleitet, aus Leidenschaft und persönlichem Haß und Erbitterung handelt." Im Oktober 1807 rief der König Stein an die Spitze des Staates. Stein folgte dem Rufe, die ihm zugefügte Kränkung vergessend: „In diesem Augenblick des allgemeinen Unglücks wäre es sehr unmoralisch, seine eigene Person in Ansehung zu bringen." Sein Reformziel war die Schaffung eines jeden Staatsbürger in seinen Bann schlagenden, ihn mit dem Staat, dem „moralischen Erzieher der Nation" (Ritter) verbindenden Gemeingeistes, „der nur durch unmittelbare Teilnahme am öffentlichen Leben sich bildet, zunächst aus der Liebe zur Genossenschaft, zur Gemeinde, zur Provinz entspringt, und sich stufenweise zur Vaterlandsliebe erhebt" (so Stein; vgl. Ritter, S. 10). Sein Reformprogramm konnte er nur zu geringem Teil durchführen (Bauernbefreiung; Städteordnung; vgl. oben den Text), dabei oft genug auf Widerstände reaktionärer Art stoßend (vgl. z. B. über die heftige Agitation schlesischer Adelskreise gegen das Oktoberedikt von 1807: Ziekursch a. a. O. S. 292ff.). Am 24. 11. 1808 mußte der König Stein auf Verlangen Napoleons entlassen, der Stein am 16. 12. 1808 ächtete. Seit Mai 1812 beim Zaren Alexander I. in Petersburg, 1813 in Ostpreußen und Breslau unermüdlich für die Erhebung gegen Napoleon tätig. Was ihm vorschwebte, war die Errichtung „eines neuen, deutschen, nationalen Gesamtstaates" (Ritter, S. 18); in diesem Sinne schrieb er 1812, seiner Zeit weit vorauseilend, die wundervollen Worte: „Ich habe nur ein Vaterland, das heißt Deutschland ... Mir sind die Dynastien in diesem Augenblick großer Entwicklung vollkommen gleichgültig; es sind bloß Werkzeuge. Mein Wunsch ist, daß Deutschland groß und stark werde, um seine Selbständigkeit, Unabhängigkeit und Nationalität wieder zu erlangen und beides in seiner Lage zwischen Frankreich und Rußland zu behaupten; das ist das Interesse der Nation und ganz Europas. Es kann auf dem Wege alter zerfallener und verfaulter Formen nicht erhalten werden." Steins Wunsch ging nicht in Erfüllung. Nach dem Wiener Kongreß, an dem er teilgenommen hatte, war er im öffentlichen politischen Leben nicht mehr tätig. Er starb am 29. 6. 1831 auf seinem Gute Kappenberg (Westfalen).

[2] Karl August Fürst von Hardenberg, geboren am 31. 5. 1750 zu Essenrode (Hannover). Zuerst in Hannöverschen Diensten. 1790 Minister in Ansbach und Bayreuth. 1804—1806 Minister des Auswärtigen, und zwar von 1805—1806 zusammen mit Graf Haugwitz. 1806 (noch vor Kriegsausbruch) auf Napoleons Druck hin entlassen. 1807 vorübergehend wieder an der Spitze des Auswärtigen, auf Napoleons Verlangen jedoch wiederum antlassen. 1810 Ernennung zum Staatskanzler mit Zustimmung Napoleons. In diesem Amt bis 1822. Gestorben zu Genua am 26. 11. 1822.

einandersetzungsverfahrens das unbeschränkte Eigentumsrecht an seiner (freilich zur Entschädigung des Gutsherrn um die Hälfte oder ein Drittel verminderten) Scholle zu verschaffen. Leider blieb dieses Edikt auf dem Papier stehen. Reaktionäre Einflüsse machten sich geltend und brachten es dahin, daß die sogenannte „Deklaration“ von 1816, in Wahrheit ein durchaus neues Gesetz, die Regulierung auf die spannfähigen Wirte beschränkte und damit die Gemeinheitsteilung und das Ablösungsverfahren verzögerte, bis dann das Gesetz vom 2. 3. 1850 für die gesamte bäuerliche Bevölkerung die endgültige Regulierung der dinglichen Verhältnisse ermöglichte. Der staatliche Bauernschutz aber hatte schon des längeren völlig aufgehört, und den Großgrundbesitz hatte nichts gehindert, den kleinbäuerlichen Besitz mancher Gegenden durch Auskaufen fast gänzlich von der Scholle zu bringen.

Die Freilegung aller persönlichen Kräfte von den bisherigen Fesseln der ständischen Gliederung sollte nach Steins Programm begleitet sein von einer Neuordnung des Verhältnisses zwischen Staat und Einzelpersönlichkeit, wobei Stein nicht die Smithsche Auffassung von der Freiheit des einzelnen, sondern die altgermanische Idee „korporativ gebundener Freiheit“ (Hartung) vorschwebte. Daher Steins Bestreben, durch Errichtung von Selbstverwaltungskörpern dem einzelnen die Möglichkeit zur nicht unmittelbaren, aber mittelbaren Mitarbeit am Staate zu geben, und zwar in dem Rahmen, in dem er auf Grund seiner Lebensverhältnisse am besten dazu in der Lage war. Diese Gedanken lagen der Steinschen Städteordnung vom 19.11.1808 zugrunde, dem einzigen Gesetz, in welchem Stein selbst die Umsetzung seiner Ideen in die Wirklichkeit vornehmen konnte. Mit der Städteordnung wurde der bevormundenden Stellung der staatlichen Organe (Steuerrat!) gegenüber den Städten ein Ende gemacht und die Selbstverwaltung der Städte durch eine von der Bürgerschaft gewählte Stadtverordnetenversammlung und einen von der letzteren gewählten Magistrat verwirklicht. Die Grundlagen für unser heutiges Städterecht waren damit gegeben. Für die Landgemeinden eine entsprechende Regelung durchzuführen, ist nicht gelungen, so daß die patrimonialen Verhältnisse in Verwaltung und Gerichtsbarkeit des platten Landes noch nicht abgebaut werden konnten. Auch die weitergehenden Pläne Steins, in höheren Verwaltungsinstanzen Bürger zur Mitarbeit heranzuziehen, wurden nicht verwirklicht. Das lag wohl namentlich daran, daß Stein nicht lange genug im Amte bleiben konnte und daß Hardenberg in seiner Zielsetzung hinsichtlich der Behördenreorganisation von Stein nicht unerheblich abwich. Freilich die durch die Verordnung vom 24. 11. 1808 geschaffene Neuregelung der Zentralbehörden billigte auch Hardenberg durchaus. Strenge Durchführung des Realsystems in fünf Fachministerien (Auswärtiges, Krieg, Inneres, Finanzen, Justiz), wie sie von Stein bereits in seiner Denkschrift von 1806 vorgeschlagen waren, hatte nach französischem Muster endlich[1] Ordnung gebracht. Auf Hardenberg aber wirkte das französische Vorbild, namentlich die Präfekturverfassung, wie sie auch in den Rheinbundsstaaten Wurzel gefaßt hatte, noch stärker ein als auf Stein, und so war er dem Gedanken an eine Zuziehung ständischer Deputierter in der staatlichen Provinzialinstanz durchaus abhold. Auch die Verbindung der fünf unabhängig nebeneinander stehenden Fachministerien erfolgte unter Hardenberg nicht in der von Stein geplanten Weise. Kein Staatsrat unter dem Vorsitz des (dazu sicher nicht geeigneten) Königs stellte die Verbindung der Ministerien dar, vielmehr geschah dies in dem 1810 geschaffenen Amte des Staatskanzlers, das Hardenberg bis zu seinem Tode im Jahre 1822 inne hatte und das dann wieder erlosch. Der Staatskanzler aber erhob sich über die Minister, stand als ihr Vorgesetzter zwischen ihnen und dem König und bildete so die einheitliche Spitze der Behördenorganisation.

---

[1] Während des Krieges hatte sich in der allgem. Verwirrung das Generaldirektorium aufgelöst. Die Zentralverwaltung besorgte 1807 vorübergehend eine Immediatkommission, dann das Generaldepartement, neben dem noch eine sog. Generalkonferenz höchster Beamter (1808) eingerichtet wurde. Alles dies aber konnte von vornherein nur als provisorisch angesehen werden.

In der Provinzialinstanz wurde nicht viel geändert. Die Kriegs- und Domänenkammern blieben — seit 1808 unter der passenderen Bezeichnung „Regierungen“ — die maßgebenden Verwaltungsbehörden. Die Attributivjustiz wurde ihnen genommen, so daß die Kammerjustizdeputationen, das Oberrevisionskollegium und die Oberrevisionsdeputation in Fortfall kamen. Rechtsprechung wurde nur noch von den jetzt als „Oberlandesgerichte“ bezeichneten ehemaligen Regierungen[1] ausgeübt. Verwaltung und Justiz waren somit in der Provinzialinstanz reinlich geschieden. Die Verfassung der nunmehrigen „Regierungen“ blieb die kollegiale; es kam bei ihnen, wie schon gesagt, nicht zur Heranziehung ständischer Ehrenmitglieder, aber auch nicht zu der von Hardenberg ins Auge gefaßten Einführung der bürokratischen Verfassung nach Maßgabe des Präfektursystems. Das Amt eines Oberpräsidenten als kontrollierendes Vertretungsorgan des Ministers bei einer oder bei zwei Regierungen konnte sich, nachdem es von dem Übergangsministerium Dohna-Altenstein ins Leben gerufen war, nicht halten und wurde 1810 wieder beseitigt.

Die Reformen sollten endlich auch auf die Kreis- und Gemeindeverfassung des Landes ausgedehnt werden. Aber die letztere in Analogie zur Städteverfassung umzugestalten, erschien doch bedenklich und wurde trotz des Gendarmerieediktes vom 30. 7. 1812 unterlassen. Auch die Stellung des Landrats blieb in alter Form und Bedeutung unverändert beibehalten.

Völlig erfolglos blieben zunächst alle Bemühungen um die Errichtung einer Repräsentation des Volkes. Von Reichsständen war schon in der Verordnung vom 24. 11. 1808 im Steinschen Sinne die Rede gewesen; aber ihre Einführung unterblieb. Hardenberg dachte nur an mit Beratungsbefugnissen ausgestattete „Repräsentanten“. Solche wurden im Edikt über die Finanzen vom 27. 10. 1810 in Aussicht gestellt; aber die Experimente, die man in diesem Sinne mit der 1811 berufenen „Landesdeputiertenversammlung“ und 1812 bis 1814 mit der in Berlin tagenden „interimistischen Nationalrepräsentation“ machte, verliefen kläglich. Nur Reaktion gegen alle gesunden fortschrittlichen Reformen, wie der kranke Staat sie benötigte, machte sich in diesen „Repräsentationen“ (in Wahrheit Notabelnversammlungen) geltend und griff ja, wie gezeigt, auch schädlich in die Regulierung der gutsherrlich-bäuerlichen Verhältnisse ein. So ruhte die Reformarbeit zunächst allein auf den Schultern des Beamtentums.

§ 30. Heeresreform. Die Wiedererhebung des preußischen Staates konnte aber allein durch eine Verwaltungsreform nicht vorbereitet werden. Hand in Hand mit dieser ging eine durch den französischen Druck freilich arg behinderte[2] Reform des Heereswesens. Auch hier handelte es sich darum, den ständischen Kastengeist zu beseitigen, frische Kräfte zu gewinnen. Das Reglement über die Besetzung der Stellen der Portepeefähnriche und die Wahl zum Offizier vom 6. 8. 1808 machte den Prärogativen des Adels ein Ende und öffnete die Offizierslaufbahn tüchtigen Männern auch anderer Stände. Die allgemeine Wehrpflicht konnte, während der Staat mit Frankreich im „Frieden“ lebte, nicht verwirklicht werden. Als aber der Sturm losbrach, beseitigte die VO. vom 9. 2. 1813 die Exemtionen von der Kantonpflicht, was tatsächlich schon die allgemeine Wehrpflicht bedeutete. Durch das Gesetz vom 3. 9. 1814 wurde dann die allgemeine Wehrpflicht die Grundlage des preußischen Heereswesens bis zu ihrer Abschaffung durch den Versailler Frieden von 1919. Die Bildung der Landwehr (VO. vom 17. 3. 1813) und des Landsturms (21. 4. 1813) schloß zunächst die Heeresreform ab. Der Ausbau konnte erst erfolgen, nachdem der Befreiungskrieg gegen Frankreich siegreich beendet war.

---

[1] Das Berliner Kammergericht und das Königsberger Tribunal behielten ihre alten Benennungen.

[2] Das preuß. Heer durfte nur aus 42000 Mann bestehen. Mittels des sog. Krümpersystems gelang die Umgehung dieser Vorschrift des Feindes.

§ 31. Finanzreform. Als letztes Glied in der Kette der Stein-Hardenbergschen Reformbestrebungen ist die Finanzreform zu betrachten. Sie lag zunächst fast ausschließlich in Hardenbergs Händen; hatte doch gerade die Finanzkrisis, in die der Staat angesichts der ungeheuren französischen Kriegskontributionen und der fortgesetzten Schwierigkeiten bei der Einhaltung der Zahlungstermine geraten mußte, zur Berufung Hardenbergs auf den Posten des Staatskanzlers geführt. Eine Finanzreform auf weite Sicht war bei dem außenpolitischen Druck nicht möglich; es handelte sich mehr darum, die dauernd erforderlichen flüssigen Geldmittel dem Staate zu beschaffen und hierfür neue Quellen zu erschließen. Aus diesem Grunde war schon durch ein Hausgesetz vom 17. 12. 1808 unter Beseitigung des Domänenediktes von 1713 die Möglichkeit der Veräußerung von Domänen geschaffen worden, freilich nur für Bedürfnisse des Staates. Demselben Zweck diente das Edikt von 30. 10. 1810 über die Einziehung der geistlichen Güter in der Monarchie. Die Steuergesetze von 1810 und 1811, beginnend mit dem berühmten Finanzedikt vom 27. 10. 1810, suchten die ständische Verschiedenheit hinsichtlich der Besteuerung, namentlich auch den Unterschied von Stadt und Land durch gleiche Verbrauchs-, Gewerbe- und Stempelsteuern auszugleichen. Durch diese Gesetzgebung wurde zugleich die bisherige polizeistaatliche Gewerbeverwaltung endgültig durch die Gewerbefreiheit ersetzt, wurden alle gewerberechtlichen Unterschiede zwischen den Städten und dem platten Lande aufgehoben. Nicht möglich war dagegen die Einführung einer allgemeinen Grundsteuer.

B. Die Zeit von den Freiheitskriegen bis zum Erlaß der Verfassung.

Literatur: Vgl. die zu A angegebene Literatur. Ferner H. v. TREITSCHKE, Deutsche Geschichte im 19. Jahrhundert. — 1. Zur Verwaltungsorganisation: HINTZE, Das preuß. Staatsministerium im 19. Jahrhundert (in der vom Verein f. G. d. Mark Br. veranstalteten Festschrift für Schmoller 1908). — SCHMOLLER, Die Epochen der preuß. Finanzpolitik bis zur Gründung des Deutschen Reichs. (Umrisse u. Unters.). — 2. Zur Entstehung der Verfassung: Vgl. besonders die Kommentare zur Verfassungsurkunde, namentlich ANSCHÜTZ, Die Verf.-Urk. f. d. pr. Staat, Bd. 1, 1912. — Ferner etwa: STIMMING, Deutsche Verfassungsgeschichte vom Anfang des 19. Jahrhunderts bis zur Gegenwart, 1920. — HAAKE, Der preuß. Verfassungskampf vor 100 Jahren, 1920. — STEPHAN, Die Entstehung der Provinzialstände in Preußen 1823, Berliner Diss. 1914. — KOSER, Zur Charakteristik des Vereinigten Landtags von 1847 (in der oben erwähnten Festschrift für Schmoller). — MÄHL, Die Überleitung Preußens in das konstitut. System, 1909. — SEITZ, Entstehung u. Entw. der preuß. Verf.-Urk. im Jahre 1848, Greifswalder Diss. 1909. — SMEND, Die preuß. Verf.-Urk. im Vergleich mit der belgischen, Göttinger Diss. 1904. — FRAHM, Entstehungs- und Entwicklungsgeschichte der preuß. Verf. (Forsch., Bd. 41, S. 248ff.). Über die Revolution von 1848 vgl. besonders auch LENZ, G. der Univ. Berlin, 2. Bd., 2. Hälfte 1918. 3. Zum Justizwesen: STARKE, Beiträge zur Kenntnis der bestehenden Ger.-Verf., 1839. — DUESBERG in Kamptz Jahrb., Bd. 42, 1833. — OTTO, Die preußische Staatsanwaltschaft, 1899. — SCHWINGE, Der Kampf um die Schwurgerichte bis zur Frankfurter Nationalversammlung (Strafrechtl. Abhdlgn., hrsg. von v. LILIENTHAL, Heft 213), 1926. — CLASS, Der Einfluß des Ministeriums von Savigny auf das Preußische Strafgesetzbuch von 1851 (Göttinger Dissertation), 1926.

§ 32. Verfassungszustand und Verwaltung. Nachdem die Freiheitskriege den Beweis erbracht hatten, daß die mit der Stein-Hardenbergschen Reform beschrittenen Bahnen richtig gewesen waren, konnte es sich in den endlich wiedergekehrten ruhigeren Verhältnissen nur um einen endgültigen Ausbau der Reformen handeln. Daß reaktionäre Einflüsse alsbald wieder hemmend hervortraten, ist bereits angedeutet worden und kann hier nur nochmals ganz allgemein festgestellt werden.

Der Posten eines über den Ministern stehenden Staatskanzlers ging mit Hardenbergs Tode ein. Über den Ministern stand seitdem als Repräsentant einer einheitlichen Staatsgewalt nur der König, dem das in 2 Abteilungen gegliederte Kabinett zur Seite stand. Die am strengen Realprinzip orientierte Ministerialverfassung blieb bestehen trotz aller Versuche (1819—1823), den König zur Wiedereinsetzung von

Provinzialministern zu veranlassen. Schwierig war die glatte Abgrenzung der Geschäfte der einzelnen Ministerien. Zu den 5 ursprünglichen Ministerien kam 1817 das Ministerium der geistlichen, Unterrichts- und Medizinalangelegenheiten, 1848 das für Handel und Gewerbe sowie das für Landwirtschaft, Domänen und Forsten und 1878 das Ministerium für öffentliche Arbeiten. In sämtlichen Ministerien herrschte strenge bürokratische Unterordnung unter den nach oben und außen allein verantwortlichen Minister. Im Staatsministerium (beruhend auf den KOs. v. 3. 6. 1814 und 3. 11. 1817) und im Staatsrat (schon von Stein geplant, ins Leben gerufen durch VO. v. 20. 1. 1817) fanden sich die Minister mit anderen höchsten Beamten, im Staatsrat auch mit den königlichen Prinzen zu Behörden zusammen, die den Ministerien nicht übergeordnet waren, sondern nur beratende Funktionen in Angelegenheiten allgemeinerer Bedeutung (Gesetzentwurf usw.) hatten; erst später wurde das Staatsministerium mit eigentlichen Verwaltungsaufgaben betraut.

In der Provinzialinstanz blieben die Regierungen in ihrer ihnen 1808 gegebenen Stellung. Der ganze Staat wurde 1815 in Provinzen eingeteilt. Auch in den neuen Landesteilen, selbst da, wo bisher das Präfektursystem geherrscht hatte, ging die Provinzialverwaltung an die Regierungen über. Als eine neue Provinzialbehörde, die aber keine Zwischeninstanz zwischen Ministerium und Regierung bilden sollte, wurde am 30. 4. 1815 das Amt des Oberpräsidenten eingerichtet, das durch die Instruktionen vom 23. 10. 1817 und 31. 12. 1825 weitere Ausgestaltung erfuhr. Die Aufgabe der Oberpräsidenten bestand in einer allgemeinen Kontrolle als Kommissar des Ministers, ferner in der Leitung einiger an die provinziellen Bezirke angeschlossenen Sonderbehörden, wie der Prov.-Medizinalkollegien, der Konsistorien und der Schulkollegien.

In der unteren Verwaltungsinstanz erfolgte die Ausdehnung der Kreisverfassung auf sämtliche Teile der Monarchie; das Landratsamt erhielt am 31. 12. 1816 eine neue Instruktion.

In Kreisen und Provinzen erhielt sich zugleich, teilweise neu gefördert, das ständische Leben. Die Grundlage bildete das allgemeine Gesetz wegen Anordnung der Provinzialstände vom 5. 6. 1823, das durch weitere Gesetze von 1823 und 1824 ausgebaut wurde. Auf diesen Bestimmungen beruhte die Funktion der Provinziallandtage, auf denen von den Provinzialständen, zu denen überall nun auch die Bauern gehörten, gewisse Kommunalangelegenheiten durch Beschlußfassung erledigt, im übrigen über die von der Regierung vorgelegten Angelegenheiten beraten wurde. In den Kreisen spielte sich das ständische Leben auf den Kreistagen ab, deren geringfügige Befugnisse in den Jahren 1825 bis 1828 gesetzlich geregelt wurden.

Die Verfassung der Städte beruhte teilweise weiter auf der Steinschen Städteordnung von 1808. Daneben wurde teilweise die revidierte Städteordnung vom 17. 3. 1831 eingeführt, die aber die Steinsche StO. nicht zu ersetzen bestimmt war. In Westfalen, im Rheinland, in Neuvorpommern und Rügen galten besondere Ordnungen.

Noch uneinheitlicher verlief die Entwicklung des Landgemeinderechts. Schon die Stein-Hardenbergsche Reform war an ihm ergebnislos vorübergegangen, und der reaktionäre Einfluß der Folgezeit verhinderte erst recht, daß an Stelle der Bestimmungen des ALR., die ihrem Geist und Charakter nach kaum noch den veränderten Verhältnissen entsprachen, ein neues Landgemeinderecht im Sinne etwa der Steinschen Ideen treten konnte. Nur im Westen der Monarchie ging die Entwicklung eigene Wege und führte hier zur Westfälischen Landgemeindeordnung vom 31. 10. 1841 und der rheinischen Gemeindeordnung vom 23. 7. 1845 mit Gemeindevorsteher-Verfassung, Bürgermeistereien und Samtgemeinden. Der Gegensatz zwischen dem weiterhin patrimonial verwalteten Osten und dem von französischen Rechtsgedanken beeinflußten Westen war damit gerade für die ländlichen Verhältnisse aufgerissen.

§ 33. Die Entstehung der konstitutionellen Verfassung. Es war oben gezeigt worden, wie in der Stein-Hardenbergschen Reformepoche Anläufe zu einer Beteiligung des Volkes an der Regierung durch Begründung einer Repräsentation gemacht worden waren. Mochten die wichtigen Reformarbeiten am preußischen Staatswesen immerhin von einer straff organisierten, in ihren Entschließungen durch größere repräsentative Körperschaften nicht behinderten Bürokratie schneller und zielsicherer durchzuführen gewesen sein, die Zeitströmungen, die unter westlichem Einflusse auf eine Beteiligung des Volkes an der Regierung hinarbeiteten und in den kulturell hochstehenden neuerworbenen westlichen Provinzen einen starken Nährboden fanden, konnten nicht mehr übergangen werden; der Staat, die Bürokratie mußte an die Lösung des Problems herantreten. Auf dem Wiener Kongreß war es gerade Preußen gewesen, das für konstitutionelle Rechte eingetreten war. Aber die Regierungszeit Friedrich Wilhelms III. brachte im Zeichen der Demagogenverfolgungen und all der bekannten reaktionären Erscheinungen allen denen, die auf eine Erfüllung der Verheißungen vom 22. 5. 1815 und des Staatsschuldenediktes vom 17. 1. 1820 gehofft hatten, bittere Enttäuschungen. Die kümmerlichen Ergebnisse der Regierungszeit Friedrich Wilhelms III. enthielt das Gesetz über die Provinzialstände vom 5. 6. 1823 (vgl. oben § 32), in dem der Gedanke an eine Vertretung des gesamten Volkes völlig preisgegeben und — ohne jeden Sinn für die geschichtlichen Erfahrungen, die gerade die bedeutendsten Ahnen des Königs in dieser Hinsicht gemacht hatten — zur Einführung von Provinzial-Ständen „im Geiste der älteren deutschen Verfassungen“ zurückgekehrt wurde. Freilich eine Gefahr für die Regierung, den bürokratischen Absolutismus, das Königtum konnten diese Stände von sich aus nicht werden; sie wurden es nur dadurch, daß der Liberalismus mit diesen Errungenschaften nicht nur nicht zufrieden, vielmehr durch sie gereizt und verärgert, mit seinen Forderungen schließlich ungestümer hervorbrach, als es für den inneren Frieden gut sein konnte.

Die entscheidenden politischen Kämpfe spielten sich erst unter der Regierung Friedrich Wilhelms IV. ab. Der neue König war, wie man wußte, liberalen Einrichtungen nicht abgeneigt; neue Hoffnungen knüpften sich daher an seine Thronbesteigung; ungeduldiger aber wurde auch der Ruf nach Taten. Und wieder wurde man enttäuscht. Zwar bewilligte der König 1841 die zweijährige Periodizität der Provinziallandtage, die Veröffentlichung ihrer Protokolle, die Begründung von Ausschüssen der Provinziallandtage, die zu gemeinsamen Beratungen berufen werden sollten; aber alle diese Konzessionen gingen in Bahnen, die so gut wie niemandem gefielen und vor allem den Liberalismus verstimmten, weil sie mit konstitutionellen Ideen in keiner Weise etwas zu tun hatten. Weiter ging nun freilich — aber im Prinzip in derselben landständischen Richtung — die „Februarverfassung“ vom 3. 2. 1847, die ein Steuer- und Anleihebewilligungsrecht für den aus den einzelnen Provinziallandtagen zu bildenden Vereinigten Landtag enthielt, auch die Begutachtung von Gesetzen über gewisse Materien „in den dazu geeigneten Fällen“ vorsah; aber auch sie stieß auf Ablehnung, weil der Landtag nicht einmal periodisch zusammentreten sollte und jede Anknüpfung an die Versprechungen von 1815 und 1820 vermißt wurde. Die Situation verschärfte sich, als der Landtag am 11. 4. 1847 zusammentrat und vom König mit einer Thronrede begrüßt wurde, in der mit aller Schroffheit den Mitgliedern „jedes Gelüst nach der Rolle sogenannter Volksrepräsentanten“ verwiesen wurde. In dieser gespannten politischen Situation gab dann die Pariser Februarrevolution von 1848 den Anstoß zu einer höchst beschleunigten Weiterentwicklung der Verfassungsfrage im Sinne der liberalen Tendenzen. Die Krone zeigte sich diesen geneigter, als die Erregung ernstlichere Formen annahm. Anfang März bereits sagte der König die Periodizität des Vereinigten Landtags zu, ferner die Einberufung des Landtags zum 2. April, die Einführung des konstitutionellen Systems.

Die großdeutsche Frage hat diese Entschließungen wohl mit beeinflußt; aber auch die revolutionäre Gefahr dürfte nicht eindruckslos geblieben sein. Trotz allem kam es zu den Barrikadenkämpfen vom 18. 3. 1848, die dem Königtum eine häßliche Demütigung brachten. In den „Märzverheißungen" (22. 3. 1848) wurde die Umgestaltung der Verfassungsform im konstitutionellen Sinne und die Einführung zahlreicher freiheitlicher Einrichtungen (Geschworenengerichte, Preßfreiheit, Ministerverantwortlichkeit usw.) in Aussicht gestellt. Der Vereinigte Landtag beschloß nur noch das Wahlgesetz für die vom Könige einzuberufende Nationalversammlung, mit der die Verfassung beraten werden sollte. Am 22. 5. 1848 trat die Nationalversammlung in Berlin zusammen. In die Herrschaft über sie teilten sich der Pöbel auf der Straße und die radikalen Elemente des Hauses. Der vom Ministerium Camphausen vorgelegte Verfassungsentwurf ging zur Umarbeitung an eine Kommission; das damit beschäftigungslos gewordene Plenum erging sich in radikalen Anträgen und Debatten. Dem gleichen Radikalismus aber huldigte auch der von der Kommission ausgearbeitete Verfassungsentwurf, der — ganz im Gegensatz zu dem sich vornehmlich an die belgische Verfassung anlehnenden Regierungsentwurf — darauf ausging, die Mitwirkung des Königs bei der Gesetzgebung zu schwächen, die vorgesehene erste Kammer durch starke Demokratisierung von vornherein in Opposition zur Krone zu drängen und obendrein auch das Heer, das dem König tatsächlich treu ergeben war, dem ausschließlichen Einfluß des Herrschers weitgehend zu entrücken. Das war eine in die Luft hinein vorgenommene Verfassungskonstruktion, die schon deswegen keine Lösung der Verfassungsfrage bringen konnte, weil ihre Urheber sich über die bestehenden Machtverhältnisse gründlichst täuschten. Die durch den Märzsturm zunächst ins Wanken gebrachten Gewalten hatten nämlich inzwischen den Atem wieder gewonnen und dachten nicht daran, sich beiseite schieben zu lassen. Aber von der Nationalversammlung war eine Einsicht in diese realpolitischen Gegebenheiten nicht zu gewärtigen, und so bedeutete sie schließlich ein Hindernis auf dem Wege zu einer ruhigen und besonnenen Lösung des Verfassungsproblems. Man kann es daher verstehen, daß es als „rettende Tat" begrüßt wurde, als sich die Krone entschloß, durch das Ministerium Brandenburg der „Tätigkeit" des Parlaments ein Ende machen zu lassen: am 9. November 1848 wurde die Nationalversammlung nach Brandenburg a. d. Havel verlegt, am 5. Dezember 1848 wurde sie aufgelöst. Zugleich erfolgte die „Oktroyierung" der Verfassung. In ihr wurde die Rückkehr zu den im Regierungsentwurf des Ministeriums Camphausen vertretenen konstitutionellen Grundsätzen vollzogen, wobei freilich die Stellung des Königs durch ein äußerst wichtiges Notverordnungsrecht ganz bedeutend verstärkt wurde. Auf Grund der oktr. Verfassung traten im Frühjahr 1849 die in ihr vorgesehenen Kammern zusammen, die die „Revision" der Verfassung vornehmen sollten. Aber diese Revision kam erst zustande, nachdem die zweite Kammer am 27. 4. 1849 aufgelöst und durch eine neue zweite Kammer ersetzt worden war, die nicht mehr wie ihre Vorgängerin nach allgemeinem, gleichem und geheimem Wahlrecht, sondern auf Grund einer kgl. Notverordnung vom 30. 5. 1849 nach dem Dreiklassenwahlrecht gewählt wurde. Die Kammern genehmigten nun zunächst die Wahlrechtsnotverordnung und nahmen sodann die Verfassungsrevision vor. Die Einigung mit der Krone wurde dank der verständnisvollen Vermittlung des Ministeriums Brandenburg schließlich erreicht. Am 31. Januar 1850 wurde die revidierte Verfassung verkündet, am 6. Februar vom Könige nicht ohne starkes inneres Widerstreben feierlich beschworen. In engem Anschluß an das belgische Verfassungsvorbild (jedoch unter Fortlassung der die Volkssouveränität betreffenden Bestimmungen) stellte sie die Grundrechte der Preußen fest, verwirklichte sie die konstitutionelle Verfassungsform unter Einführung der Gewaltenteilung. Der Absolutismus gehörte damit der Vergangenheit an. Der Verfassungszustand war für die preuß. Monarchie bis zur Katastrophe von 1918 festgelegt.

§ 34. Materielles Recht und Prozeßrecht. Die Landverluste in den Napoleonischen Kriegen, die Wiedergewinnung verlorenen und die Erwerbung neuen Gebietes in den Freiheitskriegen hatten eine der bedeutsamsten Errungenschaften des friderizianischen Staates zunichte gemacht: die Rechtseinheit. In dem wiedererstandenen Staate fanden sich Gebiete mit französischem Rechte, solche mit gemeinem und solche mit preußischem Rechte. Den Einheitsstaat auch in dieser Hinsicht wiederherzustellen, mußte als ein notwendig zu erreichendes Ziel erscheinen. In der Tat wurde in den Jahren 1814 bis 1825 durch eine Anzahl königlicher Patente das Recht des ALR. und das sonstige preußische Recht auf die vom Staate getrennt gewesenen und neuerworbenen Gebiete ausgedehnt; nur auf dem linken Rheinufer und in dem rechtsrheinischen Gebiete des ehemaligen Herzogtums Berg blieb das französische, in Neuvorpommern und Rügen und im rechtsrheinischen Teile des Regierungsbezirkes Koblenz das gemeine Recht in Geltung, und zwar aus Gründen, die teilweise in rein persönlichen Gegensätzen des Staatskanzlers und des Justizministers bestanden. Aber die Rechtseinheit konnte als politisches Postulat nicht verschwinden. Man suchte sie dadurch herbeizuführen, daß man sämtlichen Gebieten der Monarchie neues Recht gab, und griff daher zu der umständlichen Maßnahme einer revidierten Gesetzgebung, die in der ganzen Monarchie an Stelle des bisherigen preußischen, französischen und gemeinen Rechts eingeführt werden sollte. Mit dem Jahre 1832 begann die Gesetzrevision, der zuliebe sogar das Justizministerium in zwei Ministerien zerlegt wurde (KO. von 9. 2. 1832)[1], aber das Ziel der Rechtseinheit wurde nicht erreicht; die Arbeiten verliefen im Sande. Nur Einzelergebnisse wurden gezeitigt, die vielfach das charakteristische Gepräge unentschlossener Behelfsarbeit an sich trugen und im allgemeinen als „Vorstöße des rheinischen Rechts in das Gebiet des altpreußischen Rechts" (BORNHAK) anzusehen waren.

So wurde das Zivilprozeßrecht der Allg. Gerichtsordnung durch die VO. vom 1. 6. 1833 und 21. 7. 1846 im französischen Sinne reformiert, indem zur Eventualmaxime, Verhandlungsmaxime und zu präklusivischen Fristen zurückgekehrt wurde. Damit war der neue preußische Zivilprozeß entstanden, der später durch Ges. v. 24. 6. 1867 auf die im Jahre 1866 neuerworbenen Gebiete erstreckt wurde und bis zum Inkrafttreten der Reichszivilprozeßordnung (1. 10. 1879) in Geltung blieb. Im Rheinland galt dagegen bis zu diesem Zeitpunkt das französische Zivilprozeßrecht (code de procédure civile von 1806) weiter.

Auch der Strafprozeß der Kriminalordnung von 1805 erfuhr bedeutsame Umgestaltungen im Sinne des französischen Rechts. Der geheime, schriftliche Inquisitionsprozeß mit seiner einseitigen schroffen Betonung des staatlichen Interesses an der Verbrechensbekämpfung, seinen minimalen Sicherungen der Freiheitssphäre des Staatsbürgers und seiner unpsychologischen Verkennung der menschlichen Fähigkeiten auch des objektivsten Richters war dank den Demagogenverfolgungen in den weitesten, auch gebildeten Schichten des Volks in Verruf geraten. Demgegenüber wurde das französische Gerichtsverfassungs- und Strafprozeßrecht, das in den rheinischen Gebietsteilen der Monarchie in Kraft war, als hervorragende liberale Errungenschaft gepriesen. Die Geschworenengerichte und der öffentliche mündliche Strafprozeß, in dem die Anklage durch eine besondere Anklagebehörde, die Staatsanwaltschaft (ministère public des französischen Rechts, nicht etwa Wiederbelebung des Fiskalats — oben § 18 —), erhoben und dem Richter somit die, seine Objektivität

[1] 1. Ministerium für die Gesetzrevision und für die Justizverwaltung der Rheinprovinz; 2. Ministerium für die Justizverwaltung der übrigen Provinzen. Es sei darauf hingewiesen, daß schon einmal eine gleiche Teilung des Justizministeriums erfolgt war: Die KO. vom 3. 11. 1817 hatte ebenfalls ein Ministerium für Revision der Gesetzgebung vom Justizministerium abgetrennt und dem Staatsminister Beyme unterstellt. Beymes Entlassung im Jahre 1825 führte dann zunächst wieder zur Beseitigung der Spaltung. Kircheisen erhielt die gesamte Leitung der Justizverwaltung zurück.

erschütternde Pflicht des ersten Angriffs abgenommen werden sollte —, das waren wichtige Postulate des Liberalismus, um deren Berechtigung und Durchführung ein heftiger geistiger Kampf[1] während der ganzen ersten Hälfte des 19. Jahrhunderts geführt wurde. Sollten diese Forderungen erfüllt werden, so war freilich eine Umgestaltung der Gerichtsorganisation dabei nicht zu vermeiden, und gerade hieran, namentlich an der nicht zu beseitigenden Patrimonialgerichtsbarkeit, scheiterte zunächst die Reform. Der polnische Aufstand von 1846, der einen Riesenstrafprozeß beim Kammergericht zur Folge hatte, gab dann aber den Anstoß zur ersten gesetzlichen Maßnahme: das Gesetz vom 17. 7. 1846 betreffend das Verfahren in den bei dem Kammergerichte und dem Kriminalgerichte in Berlin zu führenden Untersuchungen führte mit Beschränkung auf diese Berliner Gerichte das öffentliche mündliche Anklageverfahren ein und bedeutete damit den Beginn einer neuen Epoche des preußischen Strafprozeßrechts. Die revolutionären Ereignisse von 1848 führten zu den beiden Verordnungen vom 2. und 3. 1. 1849, deren erstere der Patrimonialgerichtsbarkeit ein Ende machte, während die letztere das mündliche und öffentliche Verfahren mit Geschworenen in Untersuchungssachen und die Einrichtung der Staatsanwaltschaft brachte. Durch Gesetze von 1851 und 1852 wurde die VO. vom 3. 1. 1849 mit gewissen Zusätzen versehen. Das preußische Strafprozeßrecht hatte damit seine bis zum Inkrafttreten der Reichs-Strafprozeßordnung (1. 10. 1879) beibehaltene Ausgestaltung erfahren. In den Rheinlanden galt weiterhin der Code d'instruction criminelle von 1808.

Auf die Verordnung vom 28. 6. 1844 über das Verfahren in Ehesachen, die nur im Gebiete des altpreußischen Rechts Gültigkeit erlangte, sei hier nur im Vorbeigehen hingewiesen.

§ 35. Die Gerichtsverfassung. Die Rechtszerrissenheit mit ihrem Nebeneinander preußischen, gemeinen und französischen Rechts spiegelte sich in der Ungeschlossenheit der Gerichtsverfassung wider. Nicht weniger als vier oberste Gerichtshöfe[2] traten neben das Geheime Obertribunal, das erst seit 1833 wenigstens als Revisionsinstanz zu einer übergeordneten Stellung im Instanzenzug in den land- und gemeinrechtlichen Teilen der Monarchie gelangte.

In der Provinzialinstanz fungierten die Oberlandesgerichte, der Appellationsgerichtshof in Köln, der Justizsenat in Ehrenbreitstein, das Hofgericht für Neuvorpommern in Greifswald. Große Verschiedenheit herrschte bei den Untergerichten, solange sie teils königlich waren, teils noch in den Händen der Patrimonialherren lagen. Nach dem Verschwinden der Patrimonialgerichtsbarkeit gab es auch in unterster Instanz nur noch staatliche Rechtsprechung, die durch Kreisgerichte und Stadtgerichte ausgeübt wurde.

Für die Entscheidung von Kompetenzkonflikten zwischen Gerichts- und Verwaltungsbehörden wurde durch Gesetz vom 8. 4. 1847 ein besonderer Gerichtshof eingesetzt; § 17 des Gerichtsverfassungsgesetzes machte dann eine Umgestaltung der Gesetzgebung über die Kompetenzgerichtsbarkeit nach Maßgabe der reichsrechtlich aufgestellten Kautelen erforderlich. Es geschah dies in Preußen durch die VO. vom 1. 8. 1879.

§ 36. Der Ausbau der Heeresorganisation. Der Ausbau der Heeresorganisation beruhte auf dem die allgemeine Wehrpflicht trotz aller entgegengesetzten Strömungen am Hofe festhaltenden Wehrgesetz vom 3. 9. 1814, einer hervorragenden Leistung

---

[1] Vgl. bezüglich der Schwurgerichte die ausgezeichnete Darstellung von Schwinge (dazu Eb. Schmidt, Zeitschr. f. d. ges. Strafrechtswissenschaft, Bd. 49, S. 114ff.).

[2] Dies waren: 1. Der rheinische Revisions- u. Kassationshof in Berlin (VO. v. 21. 6. 1819) für das Gebiet des französ. Rechts; 2. der Revisionshof zu Berlin für das gemeinrechtl. Gebiet des rechtsrheinischen Teils des Regierungsbezirks Koblenz (KO. v. 4. 5. 1820); 3. das aus der schwedischen Zeit gebliebene Oberappellationsgericht für das gemeinrechtliche Gebiet Neuvorpommern in Greifswald; 4. das Oberappellationsgericht zu Posen für die preußisch-rechtliche Provinz Posen (VO. v. 9. 2. 1817, 16. 6. 1834).

des Kriegsministers v. Boyen. Dieses Gesetz und die als Ergänzung hinzutretende Landwehrordnung vom 21. April 1815 bildeten die Verwirklichung einer Lieblingsidee des Freiherrn vom Stein, die zu dem Grundgedanken seiner gesamten Reformbestrebungen unmittelbar hinführt, jeden Staatsbürger zum Dienst für den Staat zu erziehen und den Einzelnen durch diesen staatlichen Erziehungsprozeß über das Befangensein in „egoistischer Trägheit und sinnlichem Genuß" herauszuheben. Auf Grund der neuen Heeresorganisation, in der nicht nur die Ideen Steins, sondern ebenso auch die von Scharnhorst, Gneisenau und Clausewitz lebendig waren, wurde das preußische Heer nunmehr aus der stehenden Armee und der Landwehr ersten und zweiten Aufgebots gebildet. Eine volle Ausnutzung der allgem. Wehrpflicht verbot sich ungünstigerweise dadurch, daß die Finanzen des Staates nur eine Präsenzstärke von 115000 Mann gestatteten. Das bedeutete aber, daß die zum Dienst bei der Fahne Heranzuziehenden aus der viel größeren Zahl der Wehrpflichtigen ausgelost werden mußten und daß man die nicht vom Los Getroffenen nach ganz kurzer Ausbildung als „Landwehrrekruten" der Landwehr überweisen mußte. Vom rein sachlich-militärischen Standpunkt aus konnte das nicht als zweckmäßig betrachtet werden. Es wurde daher in der Folgezeit der Dienst bei der Fahne von 3 Jahren auf 2 herabgesetzt, so daß die Zahl der zur Fahne Einzuziehenden beträchtlich erhöht, das System der Landwehrrekruten gänzlich abgeschafft werden konnte (1830). Die Reaktion der Feudalen aber suchte die ganze Landwehreinrichtung durch Verdächtigung als Organisierung des bewaffneten Aufruhrs überhaupt zu beseitigen. Der König aber hielt an der Landwehr fest, und es wurde versucht, ihre Kriegstüchtigkeit zu erhöhen. Diese Bemühungen setzten sich bis in die 50er Jahre fort. Inzwischen waren bei den Mobilmachungen 1848—50 Erfahrungen gemacht worden, die zur Wiedereinführung der dreijährigen Dienstzeit führten. Um die weitere Heeresreform aber sollte alsbald ein Konflikt ausbrechen, der zugleich zur Aufrollung bedeutsamster verfassungsrechtlicher Prinzipienfragen führen mußte (unten §§ 39 und 40).

§ 37. Staat und Kirche. Die großen Wandlungen auf allen Gebieten des inneren staatlichen Lebens ließen auch das Verhältnis von Staat und Kirche nicht unberührt. Aus dem Territorialsystem hatte man 1808 durch Beseitigung der Konsistorialverfassung für die lutherische Kirche insofern die äußerste Konsequenz gezogen, als nun die kirchliche Verwaltung gänzlich auf die staatliche der Regierungen übergegangen war. Etwas Entsprechendes aber ließ sich für die katholische Kirche mit der dogmatischen Gebundenheit ihrer Verwaltungshierarchie nicht durchführen, so daß die Überspanntheit des Territorialsystems klar zutage trat. Mit ihm zu brechen, war ein Gebot der Notwendigkeit. Nach der Wiederaufrichtung des Staates geschah dies in aller Deutlichkeit zunächst gegenüber der katholischen Kirche. Indem mit der Kurie Vereinbarungen über die Neuregelung ihrer Verfassung (Abgrenzung der Diözesen, Besetzung der Bistümer usw.) getroffen wurden, die mit dem Erlaß der Bulle de salute animarum vom 16. 7. 1821 und der diese Bulle sanktionierenden KO. vom 23. 8. 1821 endeten, wurde anerkannt, daß die katholische Kirche nicht eine bloße Polizeianstalt des Staates, sondern eine selbständige Korporation darstelle. Gegenüber der lutherischen und reformierten Kirche aber mußte der Staat nun die gleiche Stellung einnehmen. 1817 fand die Union der beiden Bekenntnisse zur evangelischen Landeskirche statt. Schon 1815 war die Bildung provinzieller Konsistorien unter dem Vorsitz des Oberpräsidenten wieder angeordnet und ihr Aufgabenkreis in der Instruktion vom 23. 10. 1817 dahin bestimmt worden, daß sie für die staatliche Aufsicht über die katholische Kirche, die innere Verwaltung der evangelischen Kirche[1] und die Leitung des höheren Schulwesens zuständig sein sollten. Allmählich jedoch erfolgte nun, von unten nach oben ver-

[1] Soweit nicht die Regierungen noch zuständig blieben.

laufend, die Loslösung der rein kirchlichen von der staatlichen Verwaltung und somit die Umwandlung der Konsistorien in reine Kirchenbehörden. Die Staatsaufsicht über die katholische Kirche ging 1825 auf die Oberpräsidenten allein über. Die von dieser Aufgabe befreiten Konsistorien wurden gleichzeitig in zwei Abteilungen aufgeteilt, die Konsistorien im eigentlichen Sinne (Verwaltung der evangelischen Kirchenangelegenheiten) und die Provinzialschulkollegien. In beiden präsidierte der Oberpräsident. Durch VO. vom 27. 6. 1845 wurden jedoch beide Abteilungen zu selbständigen Behörden erhoben; die Schulverwaltung wurde damit als staatlicher Verwaltungszweig von der Kirchenverwaltung getrennt, zugleich erfolgte aber auch die Regulierung der Zuständigkeit der Regierungen und Konsistorien dahin, daß jene die iura circa sacra (staatliche Aufsicht), diese die iura in sacra (Regelung aller innerkirchlichen Angelegenheiten) auszuüben hatten. Identität staatlicher und kirchlicher Verwaltung bestand demgemäß nunmehr bloß noch im Kultusministerium. Die Artikel 15—19 der Verfassung von 1850 nötigten aber dazu, auch hier die kirchliche Organisation von der staatlichen zu lösen. Dies wurde erleichtert durch eine juristische Konstruktion[1], derzufolge im Landesherrn einerseits der Träger der (auch die Kirche beaufsichtigenden) Staatsgewalt, andererseits der Träger des Kirchenregiments, der summus episcopus unterschieden wurde. Der Summepiskopat wurde dem Landesherrn als dem vornehmsten Gliede der Kirche zugesprochen, also „als eine Frage der inneren Verfassung der evangelischen Kirche und ein Dienst an ihr" (STUTZ) betrachtet. Dieser Unterscheidung wurde nun auch in der Behördenorganisation Rechnung getragen, indem am 29. 6. 1850 der evangelische Oberkirchenrat begründet wurde, der dem Landesherrn in seiner Eigenschaft als Träger des Kirchenregiments unmittelbar unterstellt wurde, während das Kultusministerium nur mehr die Aufsichtsrechte des Staates über die Kirche wahrzunehmen hatte.

Im Westen der Monarchie war die synodale Kirchenverfassung trotz der beherrschenden Machtstellung des Staates im Zeitalter des Absolutismus nie ganz verschwunden und 1835 in Verbindung mit der Konsistorialverfassung von neuem ausgebaut worden (Kreis- und Provinzialsynoden). Die in den Jahren 1843 und 1846 gemachten Versuche, die Synodalverfassung auf die ganze Monarchie zu erstrecken, führten dagegen noch nicht zum Ziele.

Wie gezeigt, war mit den Provinzialschulkollegien die Schulverwaltung von der kirchlichen Verwaltung abgetrennt worden, und nur in den von Geistlichen gehandhabten Orts- und Kreisschulinspektionen blieb ein Zusammenhang zwischen Kirche und Schule in organisatorischer Hinsicht gewahrt. Zur Schaffung eines allgemeinen Unterrichtsgesetzes, das seit 1817 erstrebt wurde, gelangte man nicht. Das Recht des ALR. blieb neben verschiedenen provinziellen Sonderrechten in Kraft; nur die Bestimmungen des ALR. über die Schulpflicht wurden auf die ganze Monarchie 1825 ausgedehnt.

§ 38. Deutscher Bund und Zollverein. Steuerreform. Auf die Stellung Preußens im Deutschen Bunde kann hier nicht eingegangen werden. Vom Standpunkte Preußens aus war der Deutsche Bund eine außenpolitische Angelegenheit; die mit ihm bestehenden Rechtsverhältnisse waren völkerrechtlicher Art. Dasselbe gilt auch für die besonderen Beziehungen Preußens zu denjenigen Staaten, mit denen Preußen seit dem 1. 1. 1834 den Zollverein bildete, der — das Werk des preußischen Finanzministers Motz — Preußens historische Bedeutung für die Schaffung der Reichseinheit in helles Licht rückt. Die Gründung des Zollvereins steht in rechtsgeschichtlichem Zusammenhang mit der preußischen Zollgesetzgebung, die mit der Finanzreform nach den Freiheitskriegen einsetzte. Das bahnbrechende Gesetz vom 26. 5. 1818 beseitigte fast alle bis dahin bestehenden Binnenzölle. Da aber zahlreiche ausländische Enklaven das preußische Zollgebiet durchsetzten, wurden mit den in

[1] STUTZ, Kirchenrecht in Holtzendorff-Kohlers Enzyklopädie, Bd. 5, 1914, S. 386/7.

Betracht kommenden Staaten Zollverträge geschlossen, die schließlich zu regelrechten Zollunionen führten. Daraus entstand mit dem Anschluß auch süddeutscher Staaten der Zollverein, der auf manchen Gebieten zur Schaffung gleicher Rechtseinrichtungen führte, namentlich hinsichtlich des Münz-, Maß-, Gewichtswesens, aber auch bezüglich der indirekten Steuern und der Zollverwaltung. — In der Schaffung des Zollgesetzes von 1818 erschöpfte sich die Finanzreform dieser Epoche aber nicht. Die Gesetzgebung von 1818 bis 1822 baute vielmehr auch ein neues Steuersystem auf der Grundlage der Hardenbergschen Gesetzgebung von 1810—11 auf. Die Akzise wurde in ihrer alten Form beseitigt und durch neue Konsumtions- und Luxussteuern ersetzt; in den kleineren Städten und auf dem Lande wurde 1820 eine sogenannte Klassensteuer, eine direkte Steuer, eingeführt, die die Vorläuferin der späteren Einkommensteuer war. In den größeren Städten wurde an Stelle dieser Klassensteuer eine direkte Abgabe, die Mahl- und Schlachtsteuer, erhoben, die sich bis in die 70er Jahre erhalten hat. 1822 erfolgte die Neuordnung auch der Stempelabgaben. Hinsichtlich der Grundsteuern wurde noch immer nicht zu Neuerungen geschritten.

Sechstes Kapitel.

Preußen als konstitutionelle Monarchie (1850—1918).

A. Bis zur Gründung des Norddeutschen Bundes.

Literatur: Vgl. die Kommentare zur Verf.-Urk. und die Lehrbücher des pr. Staats- und Verwaltungsrechts. Ferner SMEND (Lit. vor § 32). Von den allgemeinen Darstellungen der deutschen Geschichte sei hier insbesondere auf ZIEKURSCH, Politische Geschichte des neuen deutschen Kaiserreichs, Bd. 1: Die Reichsgründung (1925), verwiesen, wo auch die preußischen Verfassungszustände und -entwicklungen ergiebig berücksichtigt werden. Sehr wichtig selbstverständlich BISMARCK, Gedanken und Erinnerungen, 3 Bde. (jetzt auch Ausgabe in einem Band). Zum Verfassungskonflikt: LÖWENTHAL, Der preuß. Verfassungsstreit 1862 bis 1866, 1914. — RITTER, Die Entstehung der Indemnitätsvorlage von 1866 (Histor. Zeitschr., Bd. 114, 1915). — WAHL, Beitr. zur Gesch. der Konfliktszeit, 1914.

§ 39. Das monarchische Prinzip. Durch die Verfassung war der preußische Staat in eine konstitutionelle Monarchie umgewandelt worden. Das belgische Verfassungsvorbild war zwar in vielen Beziehungen recht getreulich, aber doch unter sorgsamer Schonung der Rechte des Königs nachgeahmt worden. Kein Wort davon, daß tous les pouvoirs émanent de la nation, oder daß le roi n'a d'autres pouvoirs que ceux que lui attribuent formellement la constitution et les lois particulières portées en vertu de la constitution même. Vielmehr behielt der König alle Rechte aus dem ancien régime, soweit sie ihm nicht durch die Verfassung ausdrücklich entzogen worden waren. Er vereinigte nach wie vor die gesamte unteilbare Staatsgewalt in seiner Hand und war lediglich in ihrer Ausübung durch die Bestimmungen der Verfassung beschränkt. In die Ausübung der Gesetzgebung mußte er sich mit den beiden Kammern teilen, die Ausübung der richterlichen Gewalt den unabhängigen Gerichten überlassen; die Exekutive aber stand ihm allein zu in einem durch das parlamentarische Budgetrecht nur mittelbar beschränkten Organisationsrecht. Das Recht der Beamtenernennung erstreckte sich nach der Verfassung auch auf die durch den Parlamentswillen in keiner Weise eingeengte Auswahl der Minister. So konnte nach dem Wortlaut der Verfassung von einer parlamentarischen Regierung keine Rede sein. Aber die Verfassung bot keine Sicherung dagegen, daß nicht durch die Stärke rivalisierender Machtfaktoren im Staate das Verhältnis von Krone zu Parlament zugunsten des letzteren im Sinne parlamentarisch regierter Staaten verändert würde. Tatsächlich waren die Tendenzen der fortschrittlichen Mehrheit des Abgeordnetenhauses auf eine solche Veränderung gerichtet. Daher mußte es zwischen ihm und der Krone zu einem Machtkampf kommen, für den die

Heeresorganisation nur Anlaß, die etatsrechtliche Frage nach den Grenzen des parlamentarischen Budgetrechts nur juristische Folie war. Bismarck hat in der „Konfliktszeit" 1862—1866 diesen Machtkampf als solchen erkannt und geführt, und zwar zu einem für die Monarchie siegreichen Ende. Damit war der Charakter Preußens als konstitutioneller Monarchie endgültig festgelegt; das „monarchische Prinzip" hatte sich gegenüber dem parlamentarischen durchgesetzt.

§ 40. Die Fortbildung des Verfassungszustandes. Der preußische Verfassungszustand machte nach dem Erlaß der Verfassung Wandlungen durch, die von sehr verschiedenartigen Tendenzen beherrscht waren. Die Luft, in der die Verfassung zustandegekommen war, war eine revolutionäre gewesen, und auch die Gesetzgebung, die neben dem eigentlichen Verfassungswerke einsetzte, war von fortschrittlichen Bestrebungen beherrscht. Von der Beseitigung der Patrimonialgerichtsbarkeit (1849), der endgültigen Regulierung der gutsherrlich-bäuerlichen Verhältnisse (1850) ist bereits gesprochen worden. Aber noch weitere feudalständische Vorrechte fielen der Zeit zum Opfer, so die Polizeibefugnisse der Gutsherren, das Jagdrecht auf fremdem Boden, das durch ein Jagdrecht des Grundeigentümers ersetzt wurde[1]. Die Verfassung selbst hatte die Neuerrichtung von Familienfideikommissen untersagt und die Umwandlung der vorhandenen in ungebundenes Eigen in Aussicht gestellt. Von besonderer Bedeutung aber war der Erlaß einer Gemeindeordnung und einer Kreis-, Bezirks- und Provinzialordnung am 11. 3. 1850. Hierdurch sollten im Sinne der Steinschen Städteordnung allenthalben Selbstverwaltungskörper mit eigenen Organen geschaffen werden, wobei der Einfluß des Grundbesitzes bewußt in den Hintergrund gedrängt wurde.

Aber die so erzielten Fortschritte hatten nur kurzen Bestand. Seit 1852 setzte mit aller Schärfe die Reaktion ein, deren Träger nicht nur die maßgebliche konservative Partei des Abgeordnetenhauses[2], sondern auch die Regierung selbst wurde. Friedrich Wilhelm IV. hätte es, wie feststeht, am liebsten gesehen, wenn die ganze Verfassung beseitigt worden wäre. Dieser Wunsch war unerfüllbar; aber es gab Mittel und Wege genug, um „die Verfassung immer weiter rückwärts zu revidieren" (SCHMOLLER). Dieses Bestreben kam nicht nur in der Handhabung der Staatsgewalt gegenüber der Presse zum Ausdruck, sondern vor allem in der Beseitigung zahlreicher gesetzlich festgelegter Errungenschaften der jüngsten Vergangenheit: durch Gesetz vom 5. 6. 1852 wurden die die Familienfideikommisse betreffenden Verfassungsbestimmungen aufgehoben. Die Ausführung der Gemeindeordnung und der Kreis-, Bezirks- und Provinzialordnung wurde 1852 zunächst unterbrochen; 1853 aber wurden diese beiden wichtigsten Gesetze vom 11. 3. 1850 überhaupt aufgehoben. Die Rechtseinheit, die auf dem weiten Gebiete des Kommunalrechts schon verwirklicht schien, wurde damit zu Grabe getragen und ist bis zum heutigen Tage nicht auferstanden. Die weitere Entwicklung auf diesem Gebiete wurde der provinziellen Gesetzgebung und damit dem innerstaatlichen Partikularismus überlassen. Zunächst aber bedeutete die Aufhebung der Gesetze vom 11. 3. 1850 die Rückkehr zum bisherigen Rechtszustande in Stadt und Land. Die Landgemeinden der sechs östlichen Provinzen erhielten denn auch das Landgemeinderecht des ALR. wieder, und mit ihm hielt auch die Polizeigewalt der Gutsherren wieder ihren Einzug (Ges. vom 14. 4. 1856). Für die Städte der östlichen Provinzen wurde auf der durch die Steinsche Städteordnung von 1808 und die revidierte Städteordnung von 1831 gegebenen Basis das städtische Recht durch die Städteordnung vom 30. 5. 1853 neu geregelt. Für die westlichen Gebietsteile wurden erlassen: Die Städteordnung und die Landgemeindeordnung für Westfalen, beide vom 19. 3. 1856, ferner zwei entsprechende

---

[1] Näher reguliert durch das Jagdpolizeigesetz vom 7. 3. 1850, das dann mit den weiteren Reformgesetzen der Zwischenzeit in der Jagdordnung vom 15. 7. 1907 aufging.

[2] 1855 wurde die Bezeichnung Erste und Zweite Kammer in Herrenhaus und Abgeordnetenhaus umgewandelt.

Gesetze für die Rheinprovinz vom 15. 5. 1856. Für die Städte Neuvorpommerns und Rügens war am 31. 5. 1853 die städtische Verfassung besonders gesetzlich geregelt worden.

Zu den Rückschritten, die in der Reaktionszeit auf so vielen Gebieten gemacht wurden, gehörte ferner das Wiederaufleben der Standesvorrechte der sog. Standesherrn, d. h. derjenigen Mitglieder des hohen Adels, die seit 1803 infolge der Mediatisierung aus der Reihe der selbständigen Reichsstände ausgeschieden waren. Nachdem Art. 4 der Verfassung von 1850 bestimmt hatte, daß Standesvorrechte nicht mehr stattfänden, war es mit Rücksicht auf Art. XIV der Bundesakte von 1814 zweifelhaft geworden, ob auch die standesherrlichen Vorrechte von Art. 4 betroffen worden seien. Die Frage hätte kaum anders als bejaht werden dürfen, wurde aber durch ein zur Deklaration der Verfassung erlassenes Gesetz vom 10. 6. 1854 verneint. Somit konnten nun im Verordnungswege (1854, 1855) die standesherrlichen Vorrechte von neuem in Kraft gesetzt werden.

Auch die gesetzgebenden Körperschaften blieben von der reaktionären Welle nicht verschont. Das Herrenhaus, ursprünglich „eine Wahlkammer mit hohem Zensus" (SCHMOLLER), sollte nach Art. 65, 66 der Verf. vom 7. 8. 1852 ab aus geborenen, ernannten und gewählten Mitgliedern („gemischtes System", SCHMOLLER) bestehen. Aber diese Zusammensetzung hat nie stattgefunden, vielmehr traten infolge der auf dem Gesetz vom 7. 5. 1853 beruhenden kgl. VO. vom 12. 10. 1854 an die Stelle der gewählten Mitglieder solche, deren Mitgliedschaft auf Geburt oder königlicher Berufung beruhte. Damit hatte die Krone die Zusammensetzung des Herrenhauses völlig in der Hand und konnte jederzeit seine Entschließung durch Pairsschubs beeinflussen.

Im Jahre 1858 trat der Umschwung in den politischen Machtverhältnissen ein, die „neue Ära" brach an. Aber sie brachte nicht etwa eine entschlossene Fortbildung des inneren Verfassungszustandes in den durch die Ereignisse von 1848 bis 1850 gewiesenen Bahnen, sondern jenen unfruchtbaren Konflikt, von dem oben gesprochen worden ist. Hier sei auf ihn nur insofern eingegangen, als er Veranlassung gibt, die Heeresreform ins Auge zu fassen, die der Regent (nachmalige König Wilhelm I.), unterstützt von Bismarck, gegen den Willen des obstruierenden Liberalismus durchgeführt hat. Die allgemeine Wehrpflicht kam bei dem immer stärker werdenden Kontrast zwischen der stets wachsenden Bevölkerungszahl und der alten Friedenspräsenzstärke praktisch nicht mehr zur Anwendung. Die zweijährige Ausbildung erschien den maßgebenden Militärs, namentlich dem Regenten, einem erprobten alten Soldaten, nicht mehr genügend, um dem Heere die erforderliche Tüchtigkeit, dem Staate den nötigen Schutz zu gewährleisten. Die Mobilmachungen von 1849, 1850, 1859 hatten die Ansicht des Regenten in Bedenken erregender Weise bestätigt. Der Regent verlangte daher zwecks ergiebiger Ausnutzung der allgemeinen Wehrpflicht eine wesentliche Erhöhung der Präsenzstärke und die Einführung der dreijährigen Dienstzeit, ferner eine Veränderung des Verhältnisses der Landwehr zum stehenden Heere. Die Heeresreorganisation wurde auf dieser Basis durchgeführt, obwohl der Landtag die Mittel versagte. Die Krone regierte ohne Etat und ließ sich nach dem siegreichen Kriege von 1866, der die Berechtigung der Heeresreorganisation schlagend bewiesen hatte, zur Wiederherstellung des Friedens mit dem (freilich wesentlich anders zusammengesetzten) Landtage die sog. Indemnität erteilen.

§ 41. Das materielle Recht. Recht bedeutsame Fortschritte, die die künftige Reichseinheit vorbereiten und fundamentieren halfen, wurden in der Weiterentwicklung des materiellen Rechts erzielt, zum Teil unter Einwirkung der „Reichsgesetz gebung" von 1848, zum Teil auch auf Veranlassung des ausgehenden Deutschen Bundes. So wurde durch das Gesetz vom 15. 2. 1850 die allgemeine deutsche Wechsel ordnung, durch Gesetz vom 24. 6. 1861 das Allgemeine deutsche Handelsgesetzbuch als Bestandteil des preußischen Landesrechts in Kraft gesetzt. Die bereits erörterte

Neugestaltung des Zivilprozeßrechts (oben § 34) fand ihre wichtige Ergänzung in der Konkursordnung vom 8. 5. 1855, die wie die Ergänzungsverordnungen zur allgemeinen Gerichtsordnung durchaus nach französischem Vorbilde abgefaßt war.

Vollkommen vom französischen Recht beherrscht war endlich auch das preußische Strafgesetzbuch vom 14. 4. 1851. Es hatte eine langwierige, bis ins Jahr 1800 zurückreichende Entstehungsgeschichte, und ganz verschiedenartige Einflüsse sind es gewesen, die seine Ausgestaltung zu bestimmen suchten. Auf den Einfluß der rheinländischen Juristen die seit 1846 in die Reformarbeiten tätig eingriffen, ist es zurückzuführen, daß der Code pénal in den wichtigsten Fragen des allgemeinen Teils zugrunde gelegt wurde. Das Strafgesetzbuch stand durchaus unter dem Banne der auch den Code pénal beherrschenden Vergeltungsidee. Hinsichtlich seines Strafensystems darf es als milde betrachtet werden; die körperliche Züchtigung fand keine Verwendung mehr; mit der Todesstrafe wurden nur noch Mord, Hochverrat, schwere Totschlagsfälle und gemeingefährliche Delikte bedroht. Bis zum Inkrafttreten des deutschen Reichsstrafgesetzbuches (1. 1. 1871) war das preußische Strafgesetzbuch in Geltung, und da es überaus zahlreichen Bestimmungen des deutschen Reichsstrafgesetzbuchs zugrunde gelegt worden ist, so lebt es tatsächlich noch heute im geltenden Reichsrecht fort.

§ 42. Das Beamtenrecht. Art. 98 PrVerfUrk. hatte eine umfassende Regelung der Rechtsverhältnisse der nichtrichterlichen Beamten verheißen; aber die Gesetzgebung löste in der Folgezeit nur einen Teil dieser Aufgabe durch das Gesetz, betreffend die Dienstvergehen der nichtrichterlichen Beamten, vom 21. 7. 1852. Für die richterlichen Beamten war unter dem 7. 5. 1851 ein entsprechendes Gesetz ergangen. Weitere Einzelheiten des Beamtenrechts wurden in anderweitigen Spezialgesetzen geregelt, so die Erhebung des Konflikts in dem Gesetze vom 13. 2. 1854[1]. Die Zersplitterung des gesamten Beamtenrechts in einer großen Anzahl verschiedener Rechtsquellen war demgemäß recht beträchtlich und ist auch in der Folgezeit nicht überwunden worden.

§ 43. Die Gerichtsverfassung. Wie die Gesetzgebung von 1849 auf die Fortbildung der Gerichtsorganisation eingewirkt hat, ist bereits geschildert worden. Art. 92 der Verfassung bestimmte, daß in Preußen nur noch ein oberster Gerichtshof bestehen solle. Dieser Bestimmung widersprach das Nebeneinanderbestehen zweier höchster Gerichtshöfe, des Obertribunals für die land- und gemeinrechtlichen, des Rheinischen Revisions- und Kassationshofes für die französisch-rechtlichen Gebiete. Das Gesetz vom 17. 3. 1852 stellte den verfassungsmäßigen Zustand her durch eine Verschmelzung beider Gerichtshöfe unter der Bezeichnung Obertribunal. In der Mittelinstanz fungierten die Oberlandesgerichte unter der Bezeichnung „Appellationsgerichte“, in der unteren Instanz die schon erwähnten Kreis- und Stadtgerichte. Diese Gerichtsorganisation bestand bis zum Inkrafttreten der durch das Gerichtsverfassungsgesetz eingeführten reichsrechtlichen Neuordnung des Instanzenzugs und der Gerichte, deren Einrichtung und Besetzung aber Sache der einzelstaatlichen Justizverwaltungen blieb.

B. Preußen als Gliedstaat im Norddeutschen Bunde und Deutschen Reich.

Literatur: Es ist besonders auf die Kommentare zur Reichsverfassung von 1871 und auf die Lehrbücher des Reichsstaatsrechts zu verweisen. Im übrigen vgl. die Literatur vor § 39. Ferner: Hartung, Deutsche Geschichte vom Frankfurter Frieden bis zum Vertrag von Ver-

---

[1] Beseitigt durch Gesetz vom 16. 11. 1920. Vgl. über den durch Reichsverf. von 1919 Art. 131 bedingten heutigen Rechtszustand W. Jellinek, Verwaltungsrecht (2. Aufl., 1929), S. 315/16, Stier-Somlo in Handwörterbuch der Rechtswissenschaft, hrsg. von Stier-Somlo und Elster, Bd. 3, S. 645.

sailles, 1871—1919, 1924. — ZIEKURSCH, Politische Geschichte des neuen deutschen Kaiserreiches; 2. Band: Das Zeitalter Bismarcks (1871—1890), 1927.

§ 44. Preußens Bedeutung für die Reichsgründung. Es ist hier nicht der Ort, zu schildern, wie unter der Ägide Preußens nach der Abdrängung Österreichs von der Lösung der deutschen Frage der Norddeutsche Bund und sodann das Deutsche Reich ins Leben gerufen worden ist. Aber es bedeutet zugleich eine Gesamtwürdigung der bisher betrachteten preußischen Rechtsgeschichte, wenn wir feststellen, daß in der inneren Entwicklung Brandenburg-Preußens vom Territorium des alten Reichs zum konstitutionellen Einheitsstaat die erste und wesentlichste Voraussetzung für die Entstehung der Reichseinheit geschaffen worden ist. Brandenburg-Preußen hat wie kein anderes deutsches Staatswesen die Aufgabe gelöst, seit dem Beginn des 17. Jahrhunderts völlig heterogene deutsche Gebietsteile zu einem Staatswesen zusammenzuschweißen und sie durch die Schaffung einer zentralisierten Verwaltungsorganisation, ausgehend vom Heereswesen, sowie durch die Begründung der Rechtseinheit auf den wichtigsten Gebieten innerlich zu assimilieren, mit derselben Staatsidee, den gleichen staatlichen Zielen und Idealen zu erfüllen. So bildete sich lediglich im preußischen Staate die reale Grundlage an staatlicher Macht, physischer und psychischer politischer Gewalt, auf der die große politische Tat der Errichtung des Norddeutschen Bundes und des Deutschen Reiches erfolgen konnte. Im Zollverein hatten wirtschaftspolitische Bedürfnisse des preußischen Staates dazu geführt, mit anderen deutschen Staaten zur Erreichung gemeinsamer Ziele zusammen zu arbeiten. Das war immerhin ein „Vorspiel“ für die künftige Reichseinheit, wenn auch außer den wirtschaftlichen keine politischen Erfolge gezeitigt wurden. Im Norddeutschen Bunde, dem „verlängerten Preußen“, gelang es zum ersten Male, in ein nicht bloß völkerrechtliches, sondern staatsrechtliches Verhältnis zu andern deutschen Staaten zu treten und diese nicht nur durch ein rechtliches Band, sondern zugleich durch eine im preußischen Sinne erfolgende Kontaktmetamorphose auch innerlich anzugliedern, dank dem genialen Verfassungswerke Bismarcks, das zwischen Föderalismus und Unitarismus die richtige Mitte hielt und so, als Werk eines wirklichen Staatsmannes allen theoretisch-konstruktiven Gestaltungsversuchen fern, den realpolitischen Gegebenheiten der damaligen Zeit aufs beste gerecht wurde. Bismarcks Verfassungswerk! Denn wenn wir nun hinter dem Wachsen und Werden des preußischen Einheitsstaats und des Deutschen Reichs nach den treibenden individuellen Kräften suchen, dann ist zwar der Aufbau Preußens zum Gesamt- und darüber hinaus zum Einheitsstaat zunächst das Werk der drei wahrhaft großen Hohenzollern, des Kurfürsten Friedrich Wilhelm, des Königs Friedrich Wilhelm I. und des Königs Friedrich II., aber der Vollender ihres großen Werks in der Richtung auf die deutsche Einheit war kein Hohenzollernfürst, sondern in der entscheidenden Phase König Wilhelms I. überragender Ministerpräsident Otto v. Bismarck.

§ 45. Die Einwirkung der Reichsgründung auf die preußische Rechtsentwicklung. Stellung Preußens im Reich. Die äußere und innere Entwicklung des preußischen Staates hatte auf die Gründung des neuen deutschen Kaiserreichs hingetrieben. Dem gewaltigen dynamischen Anteil Preußens an diesen welthistorischen Vorgängen entsprach die bevorzugte Stellung als Hegemoniestaat, die dem preußischen Staatswesen gegenüber den anderen Gliedstaaten innerhalb des Reiches zuwuchs. Gewiß, auch in der rechtlichen Stellung Preußens hatte das Aufgehen in dem übergeordneten Bundesstaate, genau wie bei den übrigen größeren und kleineren Gliedstaaten, die Folge, daß es aufhörte, ein souveräner Staat zu sein, daß der Aufgabenkreis seiner Gesetzgebung und Verwaltung durch Reichsgesetzgebung und Reichsverwaltung beschränkt wurde, daß das preußische Recht der großen Kodifikationen des 18. und 19. Jahrhunderts beseitigt wurde durch die reichsrechtlichen Kodifikationen des Strafrechts (1870—71), der Justizgesetzgebung (1879), des bürgerlichen Rechts (1900) und anderer rechtlicher Materien, daß die Geschlossenheit des preußinären Umsturzes gelegen waren, nur in geringem Umfang ergriffen; die VO. vom 15. 11. 1918, wonach das Haus der Abgeordneten aufgelöst, das Herrenhaus beseitigt wurde, trug auch lediglich in deklaratorischer Weise den Tatsachen Rechnung.

Die zunächst alles beherrschende Frage, die für Preußen genau so wie für das Reich auftauchte, war die, ob die weitere Entwicklung nach russisch-bolschewistischemMuster verlaufen und zur Perpetuierung der proletarischen Rätediktatur führen oder ob unter Heranziehung aller Kreise des Volkes ein demokratischer Verfassungsaufbau zustande gebracht werden sollte. Die Verhältnisse, wie sie sich im Reich entwickelten, mußten für diese Frage von ausschlaggebender Bedeutung sein. Dem Zusammentritt der Weimarer Nationalversammlung folgte daher am 5. 3. 1919 der Zusammentritt der verfassunggebenden preußischen Landesversammlung in Berlin. Die gesamte gesetzgeberische und vollziehende Staatsgewalt ging auf sie über. Mit dem Gesetz zur vorläufigen Ordnung der Staatsgewalt in Preußen vom 20. 3. 1919 erfolgte zunächst eine provisorische Regelung der Verfassungsverhältnisse, namentlich auch der Frage, auf welche Organe die den beseitigten Staatsorganen bisher zustehenden Rechte quoad exercitium übergehen sollten. Die Befugnisse des Königs — natürlich nur soweit es sich um die Exekutive handelte — gingen danach auf die vom Präsidenten der Landesversammlung berufene Staatsregierung über, die eine kollegiale Behörde unter dem Vorsitz des Ministerpräsidenten darstellte und sämtliche Minister umfaßte. Die Rechte, die dem Könige als Träger des landesherrlichen Kirchenregiments zugestanden hatten, wurden drei von der Staatsregierung bestimmten Ministern evangelischen Glaubens übertragen[1]. Daß im übrigen die Regierungsform des preußischen Staates nur die demokratisch-parlamentarische sein konnte, war, nachdem einmal der Schritt zur Demokratie unternommen worden war, eine Selbstverständlichkeit. In § 6 des Gesetzes vom 20. 3. 1919 wurde das Prinzip aber noch ausdrücklich festgelegt.

Die Hauptaufgabe der verfassunggebenden Landesversammlung war die Feststellung und der Erlaß der neuen Staatsverfassung. Am 30. 11. 1920 kam die Verfassung der preußischen Republik auf der durch das Gesetz vom 20. 3. 1919 angedeuteten Grundlage zustande.

§ 51. Ansätze zur Verwaltungsneuordnung. Die Revolution von 1918 hat eine von Grund aus umgestaltende Reform der Staatsverwaltung bisher nicht zur Folge gehabt. Die Ministerialverfassung als solche besteht fort; allerdings haben die neuen Verhältnisse am Bestande der Ministerien mancherlei geändert: ein Ministerium des Auswärtigen und des Krieges braucht in Preußen nicht mehr zu bestehen, nachdem die auswärtigen Angelegenheiten und das gesamte Heereswesen Reichssachen geworden sind. Auch das Ministerium für öffentliche Arbeiten konnte 1921 aufgehoben werden. Dagegen erforderte die steigende Bedeutung der sozialen Frage die Neubegründung eines Ministeriums für Volkswohlfahrt (1919) mit drei Abteilungen für Medizinalwesen, Wohnungswesen und Sozialfürsorge.

Im Bestande der Provinzen brachten die durch den Versailler Vertrag bedingten Gebietsabtretungen insofern Veränderungen mit sich, als Oberschlesien seit dem Gesetz vom 14. 10. 1919 als selbständige Provinz von Niederschlesien (Regierungsbezirke Breslau und Liegnitz) losgelöst, der östlich des polnischen Korridors gelegene Teil der ehemaligen Provinz Westpreußen zu Ostpreußen geschlagen und aus den Resten der Provinz Posen und den westlich des polnischen Korridors gelegenen Teilen von Westpreußen die Provinz Grenzmark Posen-Westpreußen gebildet wurde. Das Saargebiet ist der preußischen Verwaltung auf die Dauer von 15 Jahren

---

[1] Durch Kirchengesetz vom 19. 6. 1920 wurden die Rechte des Königs vom Zusammentritt der verfassunggebenden Kirchenversammlung an bis zum Imkrafttreten der von dieser zu erlassenden Verfassung auf einen Evangelischen Landeskirchenausschuß übertragen, der sich aus dem Evang. Oberkirchenrat und dem Generalsynodalvorstand zusammensetzte.

entzogen worden. Die Ordnungen der Städte und Landgemeinden, der Kreise und Provinzen sind bestehen geblieben. Jedoch hat im inneren Leben dieser Selbstverwaltungskörper die Umgestaltung des kommunalen Wahlrechts starke Veränderungen nach sich gezogen. Das allgemeine, gleiche, geheime und direkte Wahlrecht, das schon im Aufruf des Rates der Volksbeauftragten vom 12. 11. 1918 für sämtliche Wahlen zu öffentlichen Körperschaften in Aussicht gestellt war, wurde durch eine Reihe von Gesetzen und Verordnungen aus den Jahren 1919 und 1920[1] für die Kreistags- und die Provinziallandtagswahlen eingeführt. Zur Regelung des Gemeindewahlrechts erging das Gesetz über die vorläufige Regelung der Gemeindewahlen vom 9. 4. 1923 (dazu Ergänzungsgesetze vom 14. 6. und 24. 7. 1924). Die Auflösung der selbständigen Gutsbezirke, in denen die Erinnerung an die patrimonialen Verhältnisse der alten ritterschaftlichen Gutsherrlichkeit besonders sinnfällig fortlebte, ist in dem Gesetz über die Regelung verschiedener Punkte des Gemeindeverfassungsrechts vom 27. 12. 1927 anbefohlen worden. Eine völlige Umgestaltung erfuhren ferner die kommunalen Verhältnisse von Groß-Berlin: das Zweckverbandsgesetz für Groß-Berlin vom 19. 7. 1911 wurde durch das Gesetz über die Bildung einer neuen Stadtgemeinde Berlin vom 27. 4. 1920 ersetzt (Novelle dazu vom 7. 10. 1920; weitere die Verwaltung und die Wahlen betreffende Verordnungen am 30. 7. 1921 und 26. 8. 1925).

Auch für die auf preußischem Boden befindlichen evangelischen Landeskirchen mußte mit dem Umsturz von 1918 eine neue Zeit beginnen. Das landesherrliche Kirchenregiment hörte auf; die Trennung von Staat und Kirche wurde reichsverfassungsmäßig ausgesprochen. Die Kirchen sind aus sich heraus zu neuen Verfassungen gelangt, die auf demokratischer Grundlage beruhen und staatsgesetzlich anerkannt worden sind. Erwähnt sei die Verfassung der Evangelischen Kirche der altpreußischen Union vom 29. 9. · 1922. Entsprechende Verfassungen ergingen bis 1923 für die evangelisch-lutherische und die evangelisch-reformierte Landeskirche in Hannover, die evangelisch-lutherische Landeskirche in Schleswig-Holstein, die evangelischen Landeskirchen in Frankfurt am Main und Hessen-Kassel. Die staatliche Gesetzgebung regelte im Zusammenhang mit Art. 76 der Verfassung neu das Recht des Austrittes aus der Kirche durch Gesetz vom 30. 11. 1920, durch welches die früheren Kirchenaustrittsgesetze vom 14. 5. 1873 und 13. 12. 1918 aufgehoben wurden.

Im übrigen lag es im Zuge der Zeit, daß die preußische Gesetzgebung darauf bedacht war, die letzten Reste ständischer Vorrechte zu beseitigen[2], soziale Bestrebungen, z. B. der inneren Kolonisation zu fördern[3], die Verweltlichung der Schule anzubahnen[4] und Anpassungen an neue Reichsinstitutionen durchzuführen. Eine allgemeine Verwaltungsreform, die von vielen Seiten gefordert wird, ist angesichts des schwierigen Verhältnisses zwischen Preußen und dem Reich (unten § 52) und der katastrophalen Parteizerrissenheit über das Stadium der Erörterungen und Entwürfe nicht hinausgediehen.

§ 52. Preußens Stellung im Reich. Das preußisch-deutsche Problem. Der Gegensatz gegen das „von Grund auf reaktionäre Preußen", das man ohne weiteres mit

---

[1] Vgl. Helfritz, Grundriß, S. 16.

[2] Auflösung der Familiengüter und Hausvermögen, Beseitigung der Standesvorrechte des Adels: VO. über Familiengüter vom 10. 3. 1919 (Neufassung vom 30. 12. 1920), Adelsgesetz vom 23. 6. 1920, Zwangsauflösungsverordnung vom 19. 11. 1920. Vgl. dazu Klässel, Handwörterbuch der Rechtswissenschaft, hrsg. von Stier-Somlo und Elster, Bd. 1, S. 369ff., Bd. 2, S. 384ff. Über den Familiennamen der Mitglieder des vormaligen preußischen Königshauses vgl. die Arbeiten von Opet, Verwaltungsarchiv, Bd. 29, S. 31ff. und Kisky, Der Name des vormaligen preußischen Königshauses (Einzelschriften zur Politik und Geschichte, hrsg. von Roeseler, 21. Schrift), 1927.

[3] Ges. über die Landeskulturbehörden vom 3. 6. 1919, Umlegungsordnung vom 21. 9. 1920.

[4] Ges. vom 18. 7. 1919 (Aufhebung der Ortsschulinspektionen).

der unter den früheren Verfassungsverhältnissen herrschenden militärisch-feudalen Schicht („Geist von Potsdam") gleichstellen zu dürfen glaubte, führte bei der Ausarbeitung der Reichsverfassung zu Bestrebungen, die auf die Zerschlagung und Auflösung Preußens abzielten. „Preußen muß sterben, damit Deutschland leben kann" (W. Heile). Der Verfasser des ersten Entwurfs der neuen Reichsverfassung, Hugo Preuss, griff diesen Gedanken auf und suchte ihm dadurch zur Wirklichkeit zu verhelfen, daß er, unter gewollter Begünstigung der bald nach dem Zusammenbruch im Rheinland und in Hannover auftauchenden Absplitterungsbestrebungen, in § 11 des Verfassungsentwurfs allen Loslösungstendenzen innerhalb der einzelnen Länder, vor allem aber innerhalb Preußens, verfassungsmäßig bequeme Wege öffnete. Preuss wollte damit die unitarische Struktur des Reiches stärken. Aber es darf heute wohl gesagt werden, daß dieser Weg angesichts der tatsächlichen politischen Verhältnisse nicht gangbar war und daß es ein Glück gewesen ist, daß entsprechende Experimente unterblieben sind. Denn Preußens Zerstückelung, seine Ersetzung durch eine größere Anzahl von Gliedstaaten mittlerer Größe würde, wie Anschütz es treffend formuliert hat, „die für die nationale Einheit immer gefährlichste Spezies des Genus Partikularstaat, die Spezies Mittelstaat", vermehrt und damit den unitarischen Bestrebungen geradezu entgegengewirkt haben. Seitdem übrigens die deutsche Nationalversammlung und die verfassunggebende preußische Landesversammlung jede an die Ausarbeitung ihres Verfassungswerkes herangegangen war, dürfte die Gelegenheit zur Auflösung Preußens bereits verpaßt gewesen sein, ganz abgesehen davon, daß der süddeutsche Partikularismus sich letzten Endes gegen eine Beseitigung Preußens und die im Reichsinteresse damit unbedingt erforderlich gewesene Verstärkung der Reichskompetenzen zur Wehr gesetzt haben würde.

Die Reichsverfassung hat also am Bestande des preußischen Staates von sich aus unmittelbar nichts geändert. Der im Vergleich zu den Absichten des ersten Verfassungsentwurfs stark gemäßigte Art. 18 der Reichsverfassung ermöglicht zwar noch immer „die Änderung des Gebietes von Ländern und die Neubildung von Ländern innerhalb des Reichs" auch ohne, ja sogar auch gegen den Willen des in Frage kommenden Landes und ist mit seiner Spitze zweifellos gegen Preußen gerichtet. Als aber am 3. 9. 1922 über die Abtrennung Oberschlesiens von Preußen abgestimmt wurde, stimmten mehr als neun Zehntel der Stimmberechtigten für das Verbleiben im preußischen Staatsverbande; und die am 18. 5. 1924 erfolgte Abstimmung in Hannover brachte der deutsch-hannoverschen Partei ebenfalls keinen Erfolg ihrer Loslösungsbestrebung. Ja, inzwischen haben kleinere Staaten den Anschluß an Preußen gesucht und zum Teil auch gefunden. Pyrmont ist mit Preußen mit Wirkung vom 1. 4. 1922 vereinigt worden (Staatsvertrag zwischen Preußen und Waldeck-Pyrmont vom 29. 11. 1921 nebst preußischem Gesetz vom 22. 2. 1922); Waldeck selbst ist mit Wirkung vom 1. 4. 1929 in Preußen aufgegangen (Staatsvertrag zwischen Preußen und Waldeck vom 23. 3. 1928 nebst preußischem Gesetz über die Vereinigung des Freistaats Waldeck mit dem Freistaate Preußen vom 25. 7. 1928 — Ges.-Samml. S. 179 —); und für Schaumburg-Lippe sind ähnliche Bestrebungen lebhaft im Gange.

So haben die dem Bestande des preußischen Staates von innen her drohenden Gefahren bisher keine Verwirklichung gefunden. Das mag ein Trost sein gegenüber den schweren Verlusten, die Preußen infolge der imperialistischen Ländergier Frankreichs und seines polnischen Trabanten hat erleiden müssen durch Abtretung reichen preußischen Landes an Dänemark, Polen und die Tschechoslowakei. Die Kolonisationsbewegung, aus der der brandenburg-preußische Staat entstanden war und die sich in wirtschaftlicher und rassenmäßiger Hinsicht noch keineswegs voll ausgewirkt hatte, erlitt damit zuungunsten des Deutschtums den schwersten Schlag. Leider scheint diese Bedeutung der Gebietsabtretungen nicht immer die nötige

Würdigung zu erfahren; jedenfalls hat sie zu dem wichtigen Entschluß, den dünnbesiedelten, im wesentlichen großagrarischen Osten durch großzügigste innere Kolonisation fest in die Hand eines lebenskräftigen deutschen Bauernstandes zu bringen, bisher nicht geführt. Die abermalige Zulassung von 100000 polnischen Saisonarbeitern in einer Zeit, wo viele Städte Tausende von Arbeitslosen zählen, bekommt unter diesem Gesichtspunkt eine besondere Note.

Mit der Erhaltung des preußischen Staates innerhalb des Reiches ist nun freilich das preußisch-deutsche Problem nicht im entferntesten gelöst. Worin besteht es denn überhaupt heutigen Tages? Worin liegt für die Gegenwart seine spezifische Bedeutung?

Die Führerstellung Preußens im Reich, wie sie durch die Bismarcksche Verfassung begründet worden war (oben § 45), ist durch die neue Reichsverfassung beseitigt worden. Vor den Normen dieser Reichsverfassung ist Preußen also ein „Land" wie Bayern, Sachsen oder Anhalt auch. Alle Einrichtungen, auf denen Preußens Hegemonie beruhte, sind verschwunden; damit aber auch jene organische Verbindung zwischen Preußen und dem Reich, wie sie durch die Stellung des Kaisers, des Reichskanzlers und des Bundesrats gegeben war. Preußen ist losgelöst vom Reich; es steht neben dem Reich, und seine von den Reichseinrichtungen völlig unabhängige Regierung kann gegen das Reich Politik machen. Der Dualismus zwischen Preußen und dem Reich ist aufgetan und zeigt sich sinnfällig in dem Nebeneinander zweier „Großregierungen" in Berlin. Die Hoffnung, daß die Einführung des gleichen Wahlrechts dem Reichstage und dem preußischen Landtage zu weitgehender Homogenität verhelfen und so zu einer Gleichartigkeit der Reichspolitik und der preußischen Politik führen würde, hat sich nicht erfüllt. Die Wege Preußens und des Reiches können sich also trennen. Es liegt auf der Hand, daß und welche Gefahren insbesondere für das Reich damit verbunden sein müssen; denn Preußen ist, „vom politisch-dynamischen Standpunkt aus betrachtet, kein deutscher Partikularstaat ‚wie die andern auch', es ist kein deutsches ‚Land', sondern ein zu einem Einheitsstaate verschmolzener Komplex von vielen deutschen Ländern. Es ist der unvollständige deutsche Nationalstaat im vollständigen deutschen Nationalstaate" (ANSCHÜTZ, Das preußisch-deutsche Problem, S. 9). Den Beweis hierfür sollen unsere ganzen vorherigen Betrachtungen erbracht haben. Sie dürften zugleich den Gedanken nahe legen, daß in diesem Preußen, trotz des Verlustes der eigenen Armee und eines eigenen Eisenbahnwesens noch immer eine gewaltige Fülle politischer Macht vereint ist, beruhend letzten Endes auf dem Zusammengehörigkeitsgefühl seiner Staatsbürger. Diese politische Macht Preußens wirkt sich fortgesetzt aus und bereitet dem Reichsgesetzgeber dauernd Schwierigkeiten trotz der Art. 61 und 63 der Reichsverfassung, die ein Übergewicht Preußens im Reichsrat durch Beschränkung seiner Stimmenzahl und insbesondere dadurch verhindern sollen, daß die Hälfte der preußischen Stimmen von den preußischen Provinzialverwaltungen bestellt werden sollen[1]. Es darf auch nicht vergessen werden, daß die Ausführung der Reichsgesetze gegenüber zwei Dritteln der gesamten deutschen Bevölkerung in den Händen preußischer Behörden liegt. Wenn also auch eine verfassungsmäßig begründete preußische Hegemonie im Reich nicht mehr vorhanden, das politische Schwergewicht des preußischen Staates kann, solange er besteht, durch keine gesetzliche Vorschrift beseitigt werden. Solange nicht abermals ein irgendwie gearteter Ausgleich zwischen Preußen und dem Reich herbeigeführt ist, solange die beiden Großregierungen nebeneinander bestehen und ihr Bestehen fortgesetzt zu einer kostspieligen Fülle von Mehrarbeit zwecks Überwindung der bei allen wichtigen Maßnahmen eintretenden Reibungen führt, wird, vielleicht nicht sowohl der preußische Staat, wohl aber das Reich dauernd Schädigungen

---

[1] Vgl. die interessanten Ausführungen und Belege bei SCHOPPMEIER.

Namen- und Sachverzeichnis.

Die Zahlen bezeichnen die Seiten.

erfahren. Die Vorschläge, die unausgesetzt zur Beseitigung der aus deutschen Problem erwachsenden Schwierigkeiten und Gefahren, g sind und noch gemacht werden, können, weil sie nicht mehr der R sondern der Staatspolitik angehören, hier nicht mehr erörtert, sonde gedeutet werden. Unter ihnen spielt die Auflösung Preußens noch in von größerer Bedeutung dürfte der „Reichslandgedanke" sein, de Weimar erörtert worden ist, ja bis in die Ideenwelt des Jahres 18 Beide Vorschläge rühren an die Existenz Preußens als Staat innerh Selbst wenn ihrer Verwirklichung der staatliche Existenzwille Pre gegenstünde, das Reichsinteresse würde zur Zeit wohl schwerlich führung vereinbar sein. Die preußische Rechtsgeschichte liefert d daß die Zusammenschweißung vieler deutscher Länder im preu staat der Beginn und das treibende Moment für die Gründung de ist und daß die Einheit des Reichs ihren tragenden Grund in Pre die Zeit schon reif sein, daß sie dieses Fundament entbehren kan wagen, hierauf mit einem verantwortungsbewußten Ja zu antwor aber seine rechtsgeschichtliche Mission für die Erhaltung der R nicht erfüllt, so werden vorläufig wohl nur Organisationsverände sein dürfen, die das Verhältnis Preußens zum Reich richtiger ges in der Weimarer Verfassung geschehen ist. Und so mag auch di viel zitierten Worte GABRIEL RIESSERS schließen, das er in der kirche den Gegnern Preußens, durchdrungen von tiefstem Verstä geschichtliche Aufgabe, zurief: „Sowohl Deutschlands als dürfen wir nicht wünschen, daß Preußen in seine schüttert werde, bis Deutschland sicher und fest f gegründet ist."